BELLETRISTIK

Reinhold Lepsius: Stefan George um 1900.

Stefan George

GEDICHTE

1987

Verlag Philipp Reclam jun. Leipzig

Herausgegeben von Horst Nalewski
Mit zwei Abbildungen und einem Frontispiz

ISBN 3-379-00107-4

© Verlag Philipp Reclam jun. Leipzig 1987 (für diese Ausgabe)
Text nach: Stefan George, Werke. Ausgabe in zwei Bänden. Helmut Küpper vormals Georg Bondi, München und Düsseldorf 1958

Reclams Universal-Bibliothek Band 1194
1. Auflage
Reihengestaltung: Lothar Reher
Lizenz Nr. 363. 340/27/87 · LSV 7105 · Vbg. 7,7
Printed in the German Democratic Republic
Grafischer Großbetrieb Völkerfreundschaft Dresden
Gesetzt aus Garamond-Antiqua
Bestellnummer: 6613427
00150

DIE FIBEL

(entstanden 1886 bis 1889, erschienen 1901)

GELEITVERSE

Das sind die langen stunden
Wo jede fast ein jahr begreift
Von efeulaub umwunden
Von reinem demanttau bereift.

Das ist des kindes lallen
Das seine flöte prüft im rohr·
Dem dumpf entgegenschallen
Gebüsch und strom und wind im chor.

Das ist das erste klagen
Weil hellster traum als wort nur trügt
Und weites stolzes jagen
So wirr und schwach wird wenn gefügt.

Das ist das frühe gähren
Und dunkler sehnsucht harte fron
Mit des Verwünschten zähren
In weisen dürftig und gewohn.

Das ist noch die Kamöne
Die blass und zagend sich empört
Durch viele fremde töne
Bang vor sich selbst die eignen hört ...

Wie in die herbe traube
Erst mählich duft und farbe dringt·
Wie aus dem nächtigen laube
Die lerche scheu ins frühlicht schwingt.

Wenn die gärten ganz verblassen
Und die winde feucht und schneidend
Alles laub vom aste scheidend
In dem staub vermodern lassen:

Wenn die ersten schneekristalle
Halb-zerschmolzen schon im falle
Von den kahlen zweigen träufeln
Neue neue stets sich senken:
Warum muss ich gleich da denken
An vergehen und verzweifeln?

Und wenn in den maientagen
Wälder bunte triebe tragen
Wenn im grünen kleid sich sehen
Froh von neuem baum und strauch:
Denk ich so gewiss dann auch
Gleich an hoffen auferstehen?

Drunten zieht mit bunten wimpeln
Schnell ein schiff den strom entlang –
Saiten-klingen und gesang.

An dem abhang steht der winzer
in der sonne siedend heiss –
Schwere arbeit saurer schweiss.

Droben senkt man auf dem friedhof
Einen in die frische gruft –
Klagetöne moderduft.

Freude mühsal tod birgt in sich
EINE zeit EIN himmelsstrich –
Keiner findets wunderlich.

SEEFAHRT

Ich fuhr mit den freunden über den see
Der abend neigte sich
In dicken flocken flog der schnee
Und langsam unser nachen
Die dunkle flut durchstrich.

Die nebel verhüllten rings das land
Kein schein vom himmel schaut
Und von dörfern am strand
Erklingen die ave-glocken
Mit traurig gedämpftem laut.

Die küste beendet unsren lauf
Wir landen und steigen aus
Wir gehen zum kleinen ort hinauf ..
Kein mensch lässt sich erblicken
Und stumm steht jedes haus.

Wir kommen an der kirche vorbei
Die türe verschloss nicht ganz –
Es tönte darinnen wie litanei ..
Wir treten ein in der frommen kreise
Die mütter beten den rosenkranz.

Die freunde lachen – wir eilen fort.
Die zeit ist um! das dunkel droht!
Doch mich verlezt ihr spottend wort
Bin ich auch nicht viel besser selber –
Ich steige sinnend in das boot.

WECHSEL

Ich sah sie zum erstenmal .. sie gefiel mir nicht:
Es ist an ihr nichts schönes
Als ihre schwarzen schwarzen haare.
Mein mund berührte sie flüchtig eines tags
Und sehr gefielen mir ihre haare
Und auch ihre hand ..
Es ist an ihr nichts schönes
Als ihre haare – ja – und ihre feine hand.
Ich drückte sie etwas wärmer eines tags
Und sehr gefiel mir ihre hand
Und auch ihr mund.
Heute ist nichts mehr an ihr
Was mir nicht sehr gefiele
Was ich nicht glühend anbetete.

HYMNEN

(1890)

WEIHE

Hinaus zum strom! wo stolz die hohen rohre
Im linden winde ihre fahnen schwingen
Und wehren junger wellen schmeichelchore
Zum ufermoose kosend vorzudringen.

Im rasen rastend sollst du dich betäuben
An starkem urduft · ohne denkerstörung ·
So dass die fremden hauche all zerstäuben.
Das auge schauend harre der erhörung.

Siehst du im takt des strauches laub schon zittern
Und auf der glatten fluten dunkelglanz
Die dünne nebelmauer sich zersplittern?
Hörst du das elfenlied zum elfentanz?

Schon scheinen durch der zweige zackenrahmen
Mit sternenstädten selige gefilde ·
Der zeiten flug verliert die alten namen
Und raum und dasein bleiben nur im bilde.

Nun bist du reif · nun schwebt die herrin nieder ·
Mondfarbne gazeschleier sie umschlingen ·
Halboffen ihre traumesschweren lider
Zu dir geneigt die segnung zu vollbringen:

Indem ihr mund auf deinem antlitz bebte
Und sie dich rein und so geheiligt sah
Dass sie im kuss nicht auszuweichen strebte
Dem finger stützend deiner lippe nah.

IM PARK

Rubinen perlen schmücken die fontänen ·
Zu boden streut sie fürstlich jeder strahl ·
In eines teppichs seidengrünen strähnen.

Verbirgt sich ihre unbegrenzte zahl.
Der dichter dem die vögel angstlos nahen
Träumt einsam in dem weiten schattensaal ..

Die jenen wonnetag erwachen sahen
Empfinden heiss von weichem klang berauscht ·
Es schmachtet leib und leib sich zu umfahen.

Der dichter auch der töne lockung lauscht.
Doch heut darf ihre weise nicht ihn rühren
Weil er mit seinen geistern rede tauscht:

Er hat den griffel der sich sträubt zu führen.

EIN ANGELICO

Auf zierliche kapitel der legende
– Den erdenstreit bewacht von ewgem rat ·
Des strengen ahnen wirkungsvolle sende –
Errichtet er die glorreich grosse tat:

Er nahm das gold von heiligen pokalen ·
Zu hellem haar das reife weizenstroh ·
Das rosa kindern die mit schiefer malen ·
Der wäscherin am bach den indigo.

Der herr im glanze reinen königtumes
Zur seite sanfte sänger seines ruhmes
Und sieger der Chariten und Medusen.

Die braut mit immerstillem kindesbusen
Voll demut aber froh mit ihrem lohne
Empfängt aus seiner hand die erste krone.

DIE GÄRTEN SCHLIESSEN

Frühe nacht verwirrt die ebnen bahnen ·
Kalte traufe trübt die weiher ·
Glückliche Apolle und Dianen
Hüllen sich in nebelschleier.

Graue blätter wirbeln nach den gruften.
Dahlien levkojen rosen
In erzwungenem orchester duften ·
Wollen schlaf bei weichen moosen.

Heisse monde flohen aus der pforte.
Ward dein hoffen deine habe?
Baust du immer noch auf ihre worte
Pilger mit der hand am stabe?

PILGERFAHRTEN

(1881)

Mühle lass die arme still
Da die heide ruhen will.
Teiche auf den tauwind harren ·
Ihrer pflegen lichte lanzen
Und die kleinen bäume starren
Wie getünchte ginsterpflanzen.

Weisse kinder schleifen leis
Überm see auf blindem eis
Nach dem segentag · sie kehren
Heim zum dorf in stillgebeten ·
DIE beim fernen gott der lehren ·
DIE schon bei dem naherflehten.

Kam ein pfiff am grund entlang?
Alle lampen flackern bang.
War es nicht als ob es riefe?
Es empfingen ihre bräute
Schwarze knaben aus der tiefe ..
Glocke läute glocke läute!

In alte lande laden bogenhallen
Schlanke kolonne
Und licht in dem getragne strofen schallen ·
Dort sog ich sonne
Nach einer flucht aus feuchter drachen krallen.

Am rand der gärten riss mich eine nadel ·
Teerose · gelbe rose!
Mit sattem schmelz und ohne weissen tadel ·
Mächtige mildelose ·
Schon tropfen tau beklömmen ihren adel.

Zu früh noch ... will ich mich am wohlgeruche
Erster veilchen beleben:
In heissen häusern ich sie spärlich suche ·
IHR in die nähe zu schweben
Erlös ich freunden duft aus meinem tuche.

Wenn aus der gondel sie zur treppe stieg
So liess sie lässig die gewande wallen
Und wie nach grollend anerkanntem sieg
Des greisen Edlen stütze sich gefallen.

Kein sanfter ton verfing in ihrem ohr ·
Bei festen sass sie eisig in den sälen ·
Nur an den decken brauner engel chor
Verstand es ihr von freuden zu erzählen.

In schweren sammet hat sie sich gebauscht ·
Den ersten hub aus unerhörten frachten
Und an dem reichen öle sich berauscht
Das neulings ihr die Inderschiffe brachten.

Nun hat sie in verhangenem gemach
Zu einem ruhmeslosen fant gesprochen:
Vermelde man am markte meine schmach ·
Ich liege vor dir niedrig und gebrochen.

Ich darf so lange nicht am tore lehnen ·
Zum garten durch das gitter schaun ·
Ich höre einer flöte fernes sehnen ·
Im schwarzen lorbeer lacht ein faun.

So oft ich dir am roten turm begegne
Du lohnest nie mich mit gelindrem tritt ·
Du weisst nicht wie ich diese stunde segne
Und traurig bin da sie entglitt.

Ich leugne was ich selber mir verheissen ..
Auch wir besitzen einen alten ruhm ·
Kann ich mein tuch von haar und busen reissen
Und büssen mit verfrühtem witwentum?

O mög er ahnen meiner lippe gaben
– Ich ahnte sie seit er als traum erschien –
DIE oleander die in duft begraben
Und andre leise schmeichelnd wie jasmin.

Ich darf so lange nicht am tore lehnen ·
Zum garten durch das gitter schaun ·
Ich höre einer flöte fernes sehnen ·
Im schwarzen lorbeer lacht ein faun.

MAHNUNG

Du folgst der horde die dich tosend lud
Zum thron aus grellem gelbem seidenstoff
Und rohem gold das oft von blute troff
Inmitten trümmersee und flammensud.

Nun weihe jede lust und jeden mord!
Dein wille rasend wie der gischt am fels
Erfreut sich am verheererischen nord
Und spottet klarer luft und klaren quells.

Vor deinen schuhen stammelt man den eid ·
Entführte weiber weinen ihren gram
Und eine · wirr im schrecken · ohne scham
Zerreisst vor deinem herrenblick ihr kleid.

Wie feile kiese bieten sich dir dar
Koralle perle demant und smaragd ·
Die priesterin in züchtigem talar
Verneigt sich grüssend: siehe deine magd.

Und einsam gibst du dir ein wildes spiel:
Wann sich dein haar in niedrer lache nässt ·
Dein stolz mit wonne in die furchen fiel
Die der gemeinen tiere klaue lässt ..

War so denn wirklich dein erstritten land?
O überhöre jenen lockungschrei
Und sag nicht dass dein leid dein führer sei
Und wechsel nicht ein würdiges gewand.

Schweige die klage!
Was auch der neid
Zu den gütern beschied.
Suche und trage
Und über das leid
Siege das lied!

So will es die lehre.
Er tat es in ehre
Schon wieder ein jahr.
Der ost wie der süd
Ein täuscher ihm war
Und nun ist er müd.

Am fuss einer eiche
Da schuf er ein grab
Für mantel und stab ·
Sie wurden zur leiche:
Nun rüst ich zur fahrt
Von fröhlicher art.

Dann brach der damm
Verhaltenen quellen ·
Sein auge ward feucht
Er stöhnte ... mir deucht
Ich soll auch am stamm
Meine leier zerschellen.

Lass der trauer kleid und miene
Wenn ich neuen trost auch meide:
So versankest du im leide
Dass er halb ein hohn erschiene.

Aber mit dem grimme ringen
Wann die menschen froh sich einen
Dient es? wann die bronnen springen
Ewig mit dem mond zu weinen?

Ob ein sturm auch eben tose
Und ein lied vom winter pfeife:
Sieh es keimt noch manche rose
Noch bedarf das korn der reife.

Spenden nicht die kühlen finger
Leise lust mit ihrem froste? ..
Sei verjährter fahrten singer
Dass der klangdraht uns nicht roste!

Ihr alten bilder schlummert mit den toten ·
Euch zu erwecken mangelt mir die macht ·
Die wahren auen wurden mir verboten ·
Nun kost ich an verderbnisvoller pracht.

Getroffen von berauschenden gerüchten
Erblick ich in dem blauen wiesental
Die reiher weiss und rosafarben flüchten
Zum nahen see der schläft und glänzt wie stahl.

Da schritt sie wie im ebenmaass der klänge ·
Ihr hochgestreckter finger hielt und hob
Der bergenden gewänder seidenstränge
Die sie bei nacht aus weidenflocken wob.

O weises spiel durch diese hüllen ahnen!
In meinen sinnen blieben wir ein paar
Bevor sie hinter blumigen lianen
Zum nahen see hinabgeglitten war.

NEUER AUSFAHRTSEGEN

Als noch verheissung mich ins ferne schickte ·
In lichten schlafen ich die braut ersann ·
Da tatest du mich einen tag in bann
An dem ich dich als ihren boten blickte.

Da langsam heisse gier nach ihr erstickte ·
Ich in entsagung frieden fast gewann ·
Sprich ob es gute fügung heissen kann
Wenn nochmal mir dein auge nieder nickte ..

Ich schreite durch den dom zum mittelthron ·
Auf goldnen füssen qualmen harz und santel ·
Mein sang ist schallend wie zu orgelton ·

Zur salbung fliess · mein eigen siedend blut!
Wo find ich wieder meinen pilgermantel?
Wo find ich wieder meinen pilgerhut?

ALGABAL

(1892)

Wenn um der zinnen kupferglühe hauben
Um alle giebel erst die sonne wallt
Und kühlung noch in höfen von basalt
Dann warten auf den kaiser seine tauben.

Er trägt ein kleid aus blauer Serer-seide
Mit sardern und safiren übersät
In silberhülsen säumend aufgenäht ·
Doch an den armen hat er kein geschmeide.

Er lächelte · sein weisser finger schenkte
Die hirsekörner aus dem goldnen trog ·
Als leis ein Lyder aus den säulen bog
Und an des herren fuss die stirne senkte.

Die tauben flattern ängstig nach dem dache
›Ich sterbe gern weil mein gebieter schrak‹
Ein breiter dolch ihm schon im busen stak ·
Mit grünem flure spielt die rote lache.

Der kaiser wich mit höhnender gebärde ..
Worauf er doch am selben tag befahl
Dass in den abendlichen weinpokal
Des knechtes name eingegraben werde.

O mutter meiner mutter und Erlauchte
Wie mich so ernster worte folge stört:
Dein tadel weil mein geist nicht dir gehört
Dass ich ihn achtlos ohne tat verhauchte.

Gedenkt es dir wie viele speere pfiffen
Als ich im Osten um die krone rang
Und lob und vorwurf dem Verwegnen klang
Der damals noch die erde nicht begriffen?

Nicht ohnmacht rät mir ab von eurem handeln ·
Ich habe euren handels wahn erfasst ·
O lass mich ungerühmt und ungehasst
Und frei in den bedingten bahnen wandeln.

Und wolle nicht den bruder mir entfremden
– Erkannt ich doch im schlaf dein augenmerk? –
Du fesselst eifrig ihn an blödes werk ·
Dein zwang verkleidet ihn mit sklavenhemden.

Sieh ich bin zart wie eine apfelblüte
Und friedenfroher denn ein neues lamm ·
Doch liegen eisen stein und feuerschwamm
Gefährlich in erschüttertem gemüte.

Hernieder steig ich eine marmortreppe ·
Ein leichnam ohne haupt inmitten ruht ·
Dort sickert meines teuren bruders blut ·
Ich raffe leise nur die purpurschleppe.

So sprach ich nur in meinen schwersten tagen:
Ich will dass man im volke stirbt und stöhnt
Und jeder lacher sei ans kreuz geschlagen.
Es ist ein groll der für mich selber dröhnt.

Ich bin als einer so wie sie als viele ·
Ich tue was das leben mit mir tut
Und träf ich sie mit ruten bis aufs blut:
Sie haben korn und haben fechterspiele.

Wenn ich in ihrer tracht und mich vergessend
Geheim in ihren leeren lärm gepasst
– Ich fürchte – hab ich nie sie tief gehasst ·
Der eignen artung härte recht ermessend.

Dann schloss ich hinter aller schar die riegel ·
Ich ruhte ohne wunsch und mild und licht
Und beinah einer schwester angesicht
Erwiderte dem schauenden ein spiegel.

Fern ist mir das blumenalter
Wo die zähre noch genuss.
Starb im reif der sommerfalter
Dem ein atem schon ein kuss?

Der auf gras und klee und garbe
Und in reiche gärten flog ·
Einen hauch von duft und farbe
Rasch aus allen blüten sog?

Dem die nacht ein gut erteilte
Das er tags umsonst erspäht ·
Den sie mit der hoffnung heilte
Dass ihn doch die tulpe lädt.

Kommt er wieder mit der meisen
Mit der lerchen erstem ton?
Wird er neu den juni preisen
Schläft er oder starb er schon?

VOGELSCHAU

Weisse schwalben sah ich fliegen ·
Schwalben schnee- und silberweiss ·
Sah sie sich im winde wiegen ·
In dem winde hell und heiss.

Bunte häher sah ich hüpfen ·
Papagei und kolibri
Durch die wunder-bäume schlüpfen
In dem wald der Tusferi.

Grosse raben sah ich flattern ·
Dohlen schwarz und dunkelgrau
Nah am grunde über nattern
Im verzauberten gehau.

Schwalben seh ich wieder fliegen ·
Schnee- und silberweisse schar ·
Wie sie sich im winde wiegen
In dem winde kalt und klar!

DIE BÜCHER DER HIRTEN- UND PREISGEDICHTE
DER SAGEN UND SÄNGE
UND DER HÄNGENDEN GÄRTEN

(1895/98)

FLURGOTTES TRAUER

So werden jene mädchen die mit kränzen
In haar und händen aus den ulmen traten
Mir sinnbeschwerend und verderblich sein.
Ich sah vom stillen haus am hainesrand
Die grünen und die farbenvollen felder
Zur sanften halde steigen und den weissdorn
Der blüten überfluss herniederstreuen:
Als sie des weges huschend mich gewahrten ·
Verhüllte dinge raunten und dann hastig
Und lachend mir entflohn trotz meiner stimme ·
Trotz meiner pfeife weichem bitte-tone.
Erst als ich an dem flachen borne trinkend
Mir widerschien mit furchen auf der stirn
Und mit verworrnen locken wusst ich ganz
Was sie sich zischend durch die lüfte riefen
Was an der felswand gellend weiterscholl.
Nun ist mir alle lust dahin am teiche
Die angelrute auszuhalten oder
Die allzuschwache weidenflöte lockend
Mit meinem finger zu betupfen · sondern
Ich will den abend zwischen grauen nebeln
Zum Herrn der Ernte klagen sprechen weil er
Zum ewigsein die schönheit nicht verlieh.

DER HERR DER INSEL

Die fischer überliefern dass im süden
Auf einer insel reich an zimmt und öl
Und edlen steinen die im sande glitzern
Ein vogel war der wenn am boden fussend
Mit seinem schnabel hoher stämme krone
Zerpflücken konnte · wenn er seine flügel
Gefärbt wie mit dem saft der Tyrer-schnecke
Zu schwerem niedrem flug erhoben: habe
Er einer dunklen wolke gleichgesehn.
Des tages sei er im gehölz verschwunden ·
Des abends aber an den strand gekommen ·
Im kühlen windeshauch von salz und tang
Die süsse stimme hebend dass delfine
Die freunde des gesanges näher schwammen
Im meer voll goldner federn goldner funken.
So habe er seit urbeginn gelebt ·
Gescheiterte nur hätten ihn erblickt.
Denn als zum erstenmal die weissen segel
Der menschen sich mit günstigem geleit
Dem eiland zugedreht sei er zum hügel
Die ganze teure stätte zu beschaun gestiegen ·
Verbreitet habe er die grossen schwingen
Verscheidend in gedämpften schmerzeslauten.

DER EINSIEDEL

Ins offne fenster nickten die hollunder
Die ersten reben standen in der bluht ·
Da kam mein sohn zurück vom land der wunder.
Da hat mein sohn an meiner brust geruht.

Ich liess mir allen seinen kummer beichten ·
Gekränkten stolz auf seinem erden-ziehn –
Ich hätte ihm so gerne meinen leichten
Und sichern frieden hier bei mir verliehn.

Doch anders fügten es der himmel sorgen –
Sie nahmen nicht mein reiches lösegeld ..
Er ging an einem jungen ruhmes-morgen ·
Ich sah nur fern noch seinen schild im feld.

Worte trügen · worte fliehen ·
Nur das lied ergreift die seele ·
Wenn ich dennoch dich verfehle
Sei mein mangel mir verziehen.

Lass mich wie das kind der wiesen
Wie das kind der dörfer singen ·
Aus den sälen will ich dringen
Aus dem fabelreich der riesen.

Höhne meine sanfte plage!
Einmal muss ich doch gestehen
Dass ich dich im traum gesehen
Und seit dem im busen trage.

Sieh mein kind ich gehe.
Denn du darfst nicht kennen
Nicht einmal durch nennen
Menschen müh und wehe.

Mir ist um dich bange.
Sieh mein kind ich gehe
Dass auf deiner wange
Nicht der duft verwehe.

Würde dich belehren ·
Müsste dich versehren
Und das macht mir wehe.
Sieh mein kind ich gehe.

Ist es neu dir was vermocht
Dass dein puls geschwinder pocht?
Warte nur noch diese tage ·
Sie entscheiden
Ob du leiden
Oder ob du glück erwirbst.
Ach du weisst dass du nicht stirbst
Ruft es wiederum: entsage!
Warte nur noch diese tage
Sie entscheiden
Ob du leiden ·
Oder ob du glück erwirbst.

Meine weissen ara haben safrangelbe kronen ·
Hinterm gitter wo sie wohnen
Nicken sie in schlanken ringen
Ohne ruf ohne sang ·
Schlummern lang ·
Breiten niemals ihre schwingen –
Meine weissen ara träumen
Von den fernen dattelbäumen.

FRIEDENSABEND

Vom langen dulden sengend heisser stiche
Erholen sich die bleichen länderstriche

Und wolken schwarz und schwefelgelb belasten
Die kahlen mauern und die starren masten.

Die gärten atmen schwer von duft beladen ·
Die schatten wachsen fester in den pfaden.

Die zarten stimmen schlummern und verstummen ·
Die hohen mildern sich in sanftes summen.

Wie schemen locken nur die festgepränge
Die wilden schlachten lauten untergänge.

Im dichten dunste dringt nur dumpf und selten
Ein ton herauf aus unterworfnen welten.

Als neuling trat ich ein in dein gehege ·
Kein staunen war vorher in meinen mienen ·
Kein wunsch in mir eh ich dich blickte rege.
Der jungen hände faltung sieh mit huld ·
Erwähle mich zu denen die dir dienen
Und schone mit erbarmender geduld
Den der noch strauchelt auf so fremdem stege.

Jedem werke bin ich fürder tot.
Dich mir nahzurufen mit den sinnen ·
Neue reden mit dir auszuspinnen ·
Dienst und lohn gewährung und verbot ·
Von allen dingen ist nur dieses not
Und weinen dass die bilder immer fliehen
Die in schöner finsternis gediehen –
Wann der kalte klare morgen droht.

Angst und hoffen wechselnd mich beklemmen ·
Meine worte sich in seufzer dehnen ·
Mich bedrängt so ungestümes sehnen
Dass ich mich an rast und schlaf nicht kehre
Dass mein lager tränen schwemmen
Dass ich jede freude von mir wehre
Dass ich keines freundes trost begehre.

Wenn ich heut nicht deinen leib berühre
Wird der faden meiner seele reissen
Wie zu sehr gespannte sehne.
Liebe zeichen seien trauerflöre
Mir der leidet seit ich dir gehöre.
Richte ob mir solche qual gebühre ·
Kühlung sprenge mir dem fieberheissen
Der ich wankend draussen lehne.

Als wir hinter dem beblümten tore
Endlich nur das eigne hauchen spürten
Warden uns erdachte seligkeiten?
Ich erinnere dass wie schwache rohre
Beide stumm zu beben wir begannen
Wenn wir leis nur an uns rührten
Und dass unsre augen rannen –
So verbliebest du mir lang zu seiten.

Sprich nicht immer
Von dem laub ·
Windes raub ·
Vom zerschellen
Reifer quitten ·
Von den tritten
Der vernichter
Spät im jahr ·
Von dem zittern
Der libellen
In gewittern
Und der lichter
Deren flimmer
Wandelbar.

Wir bevölkerten die abend-düstern
Lauben · lichten tempel · pfad und beet
Freudig – sie mit lächeln ich mit flüstern –
Nun ist wahr dass sie für immer geht.
Hohe blumen blassen oder brechen ·
Es erblasst und bricht der weiher glas
Und ich trete fehl im morschen gras ·
Palmen mit den spitzen fingern stechen.
Mürber blätter zischendes gewühl
Jagen ruckweis unsichtbare hände
Draussen um des edens fahle wände.
Die nacht ist überwölkt und schwül.

STIMMEN IM STROM

Liebende klagende zagende wesen
Nehmt eure zuflucht in unser bereich ·
Werdet geniessen und werdet genesen ·
Arme und worte umwinden euch weich.

Leiber wie muscheln · korallene lippen
Schwimmen und tönen in schwankem palast ·
Haare verschlungen in ästige klippen
Nahend und wieder vom strudel erfasst.

Bläuliche lampen die halb nur erhellen ·
Schwebende säulen auf kreisendem schuh –
Geigend erzitternde ziehende wellen
Schaukeln in selig beschauliche ruh.

Müdet euch aber das sinnen das singen ·
Fliessender freuden bedächtiger lauf ·
Trifft euch ein kuss: und ihr löst euch in ringen
Gleitet als wogen hinab und hinauf.

DAS JAHR DER SEELE

(1897/98)

Komm in den totgesagten park und schau:
Der schimmer ferner lächelnder gestade
Der reinen wolken unverhofftes blau
Erhellt die weiher und die bunten pfade

Dort nimm das tiefe gelb das weiche grau
Von birken und von buchs · der wind ist lau
Die späten rosen welkten noch nicht ganz
Erlese küsse sie und flicht den kranz

Vergiss auch diese lezten astern nicht
Den purpur um die ranken wilder reben
Und auch was übrig blieb von grün em leben
Verwinde leicht im herbstlichen gesicht.

Aus dem von George handgeschriebenen Buch

Komm in den totgesagten park und schau:
Der schimmer ferner lächelnder gestade ·
Der reinen wolken unverhofftes blau
Erhellt die weiher und die bunten pfade.

Dort nimm das tiefe gelb · das weiche grau
Von birken und von buchs · der wind ist lau ·
Die späten rosen welkten noch nicht ganz ·
Erlese küsse sie und flicht den kranz ·

Vergiss auch diese lezten astern nicht ·
Den purpur um die ranken wilder reben ·
Und auch was übrig blieb von grünem leben
Verwinde leicht im herbstlichen gesicht.

Wir schreiten auf und ab im reichen flitter
Des buchenganges beinah bis zum tore
Und sehen aussen in dem feld vom gitter
Den mandelbaum zum zweitenmal im flore.

Wir suchen nach den schattenfreien bänken
Dort wo uns niemals fremde stimmen scheuchten ·
In träumen unsre arme sich verschränken ·
Wir laben uns am langen milden leuchten

Wir fühlen dankbar wie zu leisem brausen
Von wipfeln strahlenspuren auf uns tropfen
Und blicken nur und horchen wenn in pausen
Die reifen früchte an den boden klopfen.

Nun säume nicht die gaben zu erhaschen
Des scheidenden gepränges vor der wende ·
Die grauen wolken sammeln sich behende ·
Die nebel können bald uns überraschen.

Ein schwaches flöten von zerpflücktem aste
Verkündet dir dass lezte güte weise
Das land (eh es im nahen sturm vereise)
Noch hülle mit beglänzendem damaste.

Die wespen mit den goldengrünen schuppen
Sind von verschlossnen kelchen fortgeflogen ·
Wir fahren mit dem kahn in weitem bogen
Um bronzebraunen laubes ínselgruppen.

Wir werden heute nicht zum garten gehen ·
Denn wie uns manchmal rasch und unerklärt
Dies leichte duften oder leise wehen
Mit lang vergessner freude wieder nährt:

So bringt uns jenes mahnende gespenster
Und leiden das uns bang und müde macht.
Sieh unterm baume draussen vor dem fenster
Die vielen leichen nach der winde schlacht!

Vom tore dessen eisen-lilien rosten
Entfliegen vögel zum verdeckten rasen
Und andre trinken frierend auf den pfosten
Vom regen aus den hohlen blumen-vasen.

Im freien viereck mit den gelben steinen
In dessen mitte sich die brunnen regen
Willst du noch flüchtig späte rede pflegen
Da heut dir hell wie nie die sterne scheinen.

Doch tritt von dem basaltenen behälter!
Er winkt die toten zweige zu bestatten ·
Im vollen mondenlichte weht es kälter
Als drüben unter jener föhren schatten ..

Ich lasse meine grosse traurigkeit
Dich falsch erraten um dich zu verschonen ·
Ich fühle hat die zeit uns kaum entzweit
So wirst du meinen traum nicht mehr bewohnen.

Doch wenn erst unterm schnee der park entschlief
So glaub ich dass noch leiser trost entquille
Aus manchen schönen resten – strauss und brief –
In tiefer kalter winterlicher stille.

Ich lehre dich den sanften reiz des zimmers
Empfinden und der trauten winkel raunen ·
Des feuers und des stummen lampen-flimmers ·
Du hast dafür das gleiche müde staunen.

Aus deiner blässe fach ich keinen funken ·
Ich ziehe mich zurück zum beigemache
Und sinne schweigsam in das knie gesunken:
Ob jemals du erwachen wirst? erwache!

So oft ich zagend mich zum vorhang kehre:
Du sitzest noch wie anfangs in gedanken ·
Dein auge hängt noch immer an der leere ·
Dein schatten kreuzt des teppichs selbe ranken.

Was hindert dann noch dass das ungeübte
Vertrauenslose flehen mir entfliesse:
O gib dass – grosse mutter und betrübte!
In dieser seele wieder trost entspriesse.

Die blume die ich mir am fenster hege
Verwahrt vorm froste in der grauen scherbe
Betrübt mich nur trotz meiner guten pflege
Und hängt das haupt als ob sie langsam sterbe.

Um ihrer frühern blühenden geschicke
Erinnerung aus meinem sinn zu merzen
Erwähl ich scharfe waffen und ich knicke
Die blasse blume mit dem kranken herzen.

Was soll sie nur zur bitternis mir taugen?
Ich wünschte dass vom fenster sie verschwände ..
Nun heb ich wieder meine leeren augen
Und in die leere nacht die leeren hände.

Die silberbüschel die das gras verbrämen
Und eine tageskerze die uns nickt
Erkennen uns und forschen ob wir kämen
Von einem gütigeren stern geschickt.

Die reiser streichen über unsre scheitel ·
Lasst sie vereinen was die furcht noch trennt
Und alle frage sei der lippe eitel
Die brennend einer fremden sich bekennt!

Nun sorgen wir dass uns kein los mehr dräue
Wenn eins des andren heisses leben trinkt
Und schauen einig in die sommerbläue
Die freundlich uns aus heller welle winkt.

Gemahnt dich noch das schöne bildnis dessen
Der nach den schluchten-rosen kühn gehascht ·
Der über seiner jagd den tag vergessen ·
Der von der dolden vollem seim genascht?

Der nach dem parke sich zur ruhe wandte ·
Trieb ihn ein flügelschillern allzuweit ·
Der sinnend sass an jenes weihers kante
Und lauschte in die tiefe heimlichkeit ..

Und von der insel moosgekrönter steine
Verliess der schwan das spiel des wasserfalls
Und legte in die kinderhand die feine
Die schmeichelnde den schlanken hals.

Wenn trübe mahnung noch einmal uns peinigt
Und schreck in unsre goldnen lande streut –
Du sprichst in zuversicht: mit mir vereinigt
Befürchte nicht was flüchtig sich erneut.

Nur dass du meinem schutz dich nicht entfernst
Bevor das scharfe licht ersterbend loht
Und dir der gartenwald versöhnlich ernst
Mit seinen schatten wieder abend bot.

Ruhm diesen wipfeln! dieser farbenflur!
Sie lehrten uns das glück in seinem flüchten
Zu streifen und es bleibt noch zarte spur
An unsrer hand wie schmelz von reifen früchten.

Schon weht das wimpel und es säumt nicht mehr ·
Aus scheidestunden werden tränen rinnen ..
Ob einer zweifelhaften wiederkehr
In offnem schmerze zogest du von hinnen.

Ich aber horche in die nahe nacht
Ob dort ein lezter vogelruf vermelde
Den schlaf aus dem sie froh und schön erwacht –
Der liebe sachten schlaf im blumenfelde.

Des sehers wort ist wenigen gemeinsam:
Schon als die ersten kühnen wünsche kamen
In einem seltnen reiche ernst und einsam
Erfand er für die dinge eigne namen –

Die hier erdonnerten von ungeheuern
Befehlen oder lispelten wie bitten ·
Die wie Paktolen in rubinenfeuern
Und bald wie linde frühlingsbäche glitten ·

An deren kraft und klang er sich ergezte ·
Sie waren wenn er sich im höchsten schwunge
Der welt entfliehend unter träume sezte
Des tempels saitenspiel und heilge zunge.

Nur sie – und nicht der sanften lehre lallen ·
Das mütterliche – hat er sich erlesen
Als er im rausch von mai und nachtigallen
Sann über erster sehnsucht fabelwesen ·

Als er zum lenker seiner lebensfrühe
Im beten rief ob die verheissung löge ..
Erflehend dass aus zagen busens mühe
Das denkbild sich zur sonne heben möge.

Ihr lernt: das haus des mangels nur kenne die schwermut ·
– Nun seht im prunke der säulen die herbere schwermut –

Der stets nach dem ziel sich verzehre nur fühle das
                                                    schicksal ·
Ich zeige euch in der erfüllung das grausamste schicksal

Des der die stunden vertrauert bei köstlichem kleinod ·
Der schmächtigen fingers spielt mit dem sprühenden
                                                    kleinod ·

Und des der angetan mit der könige purpur
Das schwere bleiche antlitz senkt auf den purpur.

RÜCKKEHR

Ich fahre heim auf reichem kahne ·
Das ziel erwacht im abendrot ·
Vom maste weht die weisse fahne ·
Wir übereilen manches boot.

Die alten ufer und gebäude
Die alten glocken neu mir sind ·
Mit der verheissung neuer freude
Bereden mich die winde lind.

Da taucht aus grünen wogenkämmen
Ein wort · ein rosenes gesicht:
Du wohntest lang bei fremden stämmen ·
Doch unsre liebe starb dir nicht.

Du fuhrest aus im morgengrauen
Und als ob einen tag nur fern
Begrüssen dich die wellenfrauen
Die ufer und der erste stern.

Es lacht in dem steigenden jahr dir
Der duft aus dem garten noch leis.
Flicht in dem flatternden haar dir
Eppich und ehrenpreis.

Die wehende saat ist wie gold noch ·
Vielleicht nicht so hoch mehr und reich ·
Rosen begrüssen dich hold noch ·
Ward auch ihr glanz etwas bleich.

Verschweigen wir was uns verwehrt ist ·
Geloben wir glücklich zu sein ·
Wenn auch nicht mehr uns beschert ist
Als noch ein rundgang zu zwein.

Ich weiss du trittst zu mir ins haus
Wie jemand der an leid gewöhnt
Nicht froh ist wo zu spiel und schmaus
Die saite zwischen säulen dröhnt.

Hier schreitet man nicht laut nicht oft ·
Durchs fenster dringt der herbstgeruch
Hier wird ein trost dem der nicht hofft
Und bangem frager milder spruch.

Beim eintritt leis ein händedruck ·
Beim weiterzug vom stillen heim
Ein kuss – und ein bescheidner schmuck
Als gastgeschenk: ein zarter reim.

Nicht ist weise bis zur lezten frist
Zu geniessen wo vergängnis ist.
Vögel flogen südwärts an die see ·
Blumen welkend warten auf den schnee.

Wie dein finger scheu die müden flicht!
Andre blumen schenkt dies jahr uns nicht ·
Keine bitte riefe sie herbei ·
Andre bringt vielleicht uns einst ein mai.

Löse meinen arm und bleibe stark ·
Lass mit mir vorm scheidestrahl den park
Eh vom berg der nebel drüber fleucht ·
Schwinden wir eh winter uns verscheucht!

Keins wie dein feines ohr
Merkt was tief innen singt ·
Was noch so schüchtern schwingt ·
Was halb sich schon verlor.

Keins wie dein festes wort
Sucht so bestimmt den trost
In dem was wir erlost ·
Des wahren friedens hort.

Keins wie dein fromm gemüt
Bespricht so leicht den gram ..
Der eines abends nahm
Was uns im tag geglüht.

Langsame stunden überm fluss ·
Die welle zischt wie im verdruss
Da von dem feuchten wind gefrischt
Ein schein bald blendet bald verwischt.

Wir standen hand in hand am strand
Da sah sie ähren in dem sand ·
Sie trat hinzu und brach davon
Und fand auf diesen tag den ton:

Beginnend klang er hell und leicht
Wie von dem ziel das wir erreicht ·
Dann ward er dumpfer als sie sang
Vom fernen glück – wie bang! wie lang!

Der hügel wo wir wandeln liegt im schatten ·
Indes der drüben noch im lichte webt ·
Der mond auf seinen zarten grünen matten
Nur erst als kleine weisse wolke schwebt.

Die strassen weithin-deutend werden blasser ·
Den wandrern bietet ein gelispel halt ·
Ist es vom berg ein unsichtbares wasser
Ist es ein vogel der sein schlaflied lallt?

Der dunkelfalter zwei die sich verfrühten
Verfolgen sich von halm zu halm im scherz ..
Der rain bereitet aus gesträuch und blüten
Den duft des abends für gedämpften schmerz.

Ob schwerer nebel in den wäldern hängt:
Du sollst im weiterschreiten drum nicht zaudern ·
Sprich mit den bleichen bildern ohne schaudern ·
Schon regen sie sich sacht hinangedrängt.

Wenn gras und furche auf dem pfad versteinen ·
Gehäufter reif die wipfel beugt · versteh
Zu lauschen auf der winterwinde weh
Die mit den welken einsamkeiten weinen.

So hältst du immer wach die müde stirn
Und gleitest nicht herab von steiler bösche
Ob auch das matt erhellte ziel verlösche
Und über dir das einzige gestirn.

Ihr tratet zu dem herde
Wo alle glut verstarb ·
Licht war nur an der erde
Vom monde leichenfarb.

Ihr tauchtet in die aschen
Die bleichen finger ein
Mit suchen tasten haschen –
Wird es noch einmal schein!

Seht was mit trostgebärde
Der mond euch rät:
Tretet weg vom herde ·
Es ist worden spät.

Willst du noch länger auf den kahlen böden
Nach frühern vollen farben spähn ·
Auf früchte warten in den fahlen öden
Und ähren von verdrängten sommern mähn?

Bescheide dich wenn nur im schattenschleier
Mild schimmernd du genossene fülle schaust
Und durch die müden lüfte ein befreier
Der wind der weiten zärtlich um uns braust.

Und sieh! die tage die wie wunden brannten
In unsrer vorgeschichte schwinden schnell ..
Doch alle dinge die wir blumen nannten
Versammeln sich am toten quell.

STEFAN·GEORGE

19 00

DER·TEPPICH·DES
LEBENS·UND·DIE
LIEDER·VON·TRAUM
UND·TOD·MIT·EINEM
VORSPIEL 1899

BLÆTTER·FUER·DIE·KUNST

Titelblatt der Erstausgabe

DER TEPPICH DES LEBENS UND
DIE LIEDER VON TRAUM UND TOD
MIT EINEM VORSPIEL

●

(1899/1900)

DER TEPPICH

Hier schlingen menschen mit gewächsen tieren
Sich fremd zum bund umrahmt von seidner franze
Und blaue sicheln weisse sterne zieren
Und queren sie in dem erstarrten tanze.

Und kahle linien ziehn in reich-gestickten
Und teil um teil ist wirr und gegenwendig
Und keiner ahnt das rätsel der verstrickten ..
Da eines abends wird das werk lebendig.

Da regen schauernd sich die toten äste
Die wesen eng von strich und kreis umspannet
Und treten klar vor die geknüpften quäste
Die lösung bringend über die ihr sannet!

Sie ist nach willen nicht: ist nicht für jede
Gewohne stunde: ist kein schatz der gilde.
Sie wird den vielen nie und nie durch rede
Sie wird den seltnen selten im gebilde.

URLANDSCHAFT

Aus dunklen fichten flog ins blau der aar
Und drunten aus der lichtung trat ein paar
Von wölfen · schlürften an der flachen flut
Bewachten starr und trieben ihre brut.

Drauf huschte aus der glatten nadeln streu
Die schar der hinde trank und kehrte scheu
Zur waldnacht · eines blieb nur das im ried
Sein end erwartend still den rudel mied.

Hier litt das fette gras noch nie die schur
Doch lagen stämme · starker arme spur ·
Denn drunten dehnte der gefurchte bruch
Wo in der scholle zeugendem geruch

Und in der weissen sonnen scharfem glühn
Des ackers froh des segens neuer mühn
Erzvater grub erzmutter molk
Das schicksal nährend für ein ganzes volk.

DER FREUND DER FLUREN

Kurz vor dem frührot sieht man in den fähren
Ihn schreiten · in der hand die blanke hippe
Und wägend greifen in die vollen ähren
Die gelben körner prüfend mit der lippe.

Dann sieht man zwischen reben ihn mit basten
Die losen binden an die starken schäfte
Die harten grünen herlinge betasten
Und brechen einer ranke überkräfte.

Er schüttelt dann ob er dem wetter trutze
Den jungen baum und misst der wolken schieben
Er gibt dem liebling einen pfahl zum schutze
Und lächelt ihm dem erste früchte trieben.

Er schöpft und giesst mit einem kürbisnapfe
Er beugt sich oft die quecken auszuharken
Und üppig blühen unter seinem stapfe
Und reifend schwellen um ihn die gemarken.

DER TÄTER

Ich lasse mich hin vorm vergessenen fenster: nun tu
Die flügel wie immer mir auf und hülle hienieden
Du stets mir ersehnte du segnende dämmrung mich zu
Heut will ich noch ganz mich ergeben dem lindernden
                                                    frieden.

Denn morgen beim schrägen der strahlen ist es geschehn
Was unentrinnbar in hemmenden stunden mich peinigt
Dann werden verfolger als schatten hinter mir stehn
Und suchen wird mich die wahllose menge die steinigt.

Wer niemals am bruder den fleck für den dolchstoss bemass
Wie leicht ist sein leben und wie dünn das gedachte
Dem der von des schierlings betäubenden körnern nicht
                                                    ass!
O wüsstet ihr wie ich euch alle ein wenig verachte!

Denn auch ihr freunde redet morgen: so schwand
Ein ganzes leben voll hoffnung und ehre hienieden ..
Wie wiegt mich heute so mild das entschlummernde land
Wie fühl ich sanft um mich des abends frieden!

DER JÜNGER

Ihr sprecht von wonnen die ich nicht begehre
In mir die liebe schlägt für meinen Herrn
Ihr kennt allein die süsse · ich die hehre ·
Ich lebe meinem hehren Herrn.

Mehr als zu jedem werke eurer gilde
Bin ich geschickt zum werke meines Herrn
Da werd ich gelten · denn mein Herr ist milde
Ich diene meinem milden Herrn.

Ich weiss in dunkle lande führt die reise
Wo viele starben · doch mit meinem Herrn
Trotz ich gefahren · denn mein Herr ist weise
Ich traue meinem weisen Herrn.

Und wenn er allen lohnes mich entblösste:
Mein lohn ist in den blicken meines Herrn.
Sind andre reicher: ist mein Herr der grösste
Ich folge meinem grössten Herrn.

DER VERWORFENE

Du nahmest alles vor: die schönheit grösse
Den ruhm die liebe früh-erhizten sinns
Im spiel · und als du sie im leben trafest
Erschienen sie verblasst dir nur und schal.

Du horchtest ängstlich aus am weg am markte
Dass keine dir verborgne regung sei ..
In alle seelen einzuschlüpfen gierig
Blieb deine eigne unbebaut und öd.

Du fandest seltne farben schellen scherben
Und warfest sie ins wirre blinde volk
Das überschwoll von preis der dich berauschte ..
Doch heimlich weinst du – in dir saugt ein gram:

Beschämt und unstät blickst du vor den Reinen
Als ob sie in dir läsen .. unwert dir
So kamst du wol geschmückt doch nicht geheiligt
Und ohne kranz zum grossen lebensfest.

BLAUE STUNDÈ

AN REINHOLD UND SABINE LEPSIUS

Sieh diese blaue stunde
Entschweben hinterm gartenzelt!
Sie brachte frohe funde
Für bleiche schwestern ein entgelt.

Erregt und gross und heiter
So eilt sie mit den wolken – sieh!
Ein opfer loher scheiter.
Sie sagt verglüht was sie verlieh.

Dass sie so schnell nicht zögen
So sinnen wir · nur ihr geweiht –
Spannt auch schon seine bögen
Ein dunkel reicher lustbarkeit.

Wie eine tiefe weise
Die uns gejubelt und gestöhnt
In neuem paradeise
Noch lockt und rührt wenn schon vertönt.

JULI-SCHWERMUT

AN ERNEST DOWSON

Blumen des sommers duftet ihr noch so reich:
Ackerwinde im herben saatgeruch
Du ziehst mich nach am dorrenden geländer
Mir ward der stolzen gärten sesam fremd.

Aus dem vergessen lockst du träume: das kind
Auf keuscher scholle rastend des ährengefilds
In ernte-gluten neben nackten schnittern
Bei blanker sichel und versiegtem krug.

Schläfrig schaukelten wespen im mittagslied
Und ihm träufelten auf die gerötete stirn
Durch schwachen schutz der halme-schatten
Des mohnes blätter: breite tropfen blut.

Nichts was mir je war raubt die vergänglichkeit.
Schmachtend wie damals lieg ich in schmachtender flur
Aus mattem munde murmelt es: wie bin ich
Der blumen müd · der schönen blumen müd!

MORGENSCHAUER

Lässt solch ein schmerz sich nieten
Und solch ein hauch und solch ein licht?
Der morgen sich gebieten
Der fremd und selig in uns bricht?

Wie durch die seele zogen
Die pfade – dann durch das gefild.
Gelinde düfte sogen
Dann gossen sie sich schnell und wild.

Trüb wie durch tränen schwimmen
Der baum · das haus das uns empfängt.
Ein weisses festtag-glimmen
Der kirschenzweig der überhängt

Ein rauschendes geflitter
Entzückt und quält – macht schwer und frei ..
Ein schwanken süss und bitter
Ein singen sonder melodei ..

DER SIEBENTE RING

(1907)

GOETHE-TAG

Wir brachen mit dem zarten frührot auf
Am sommerend durch rauchendes gefild
Zu Seiner stadt. Noch standen plumpe mauer
Und würdelos gerüst von menschen frei
Und tag – unirdisch rein und fast erhaben.
Wir kamen vor sein stilles haus · wir sandten
Der ehrfurcht blick hinauf und schieden. Heute
Da alles rufen will schweigt unser gruss.

Noch wenig stunden: der geweihte raum
Erknirscht: sie die betasten um zu glauben ..
Die grellen farben flackern in den gassen ·
Die festesmenge tummelt sich die gern
Sich schmückt den Grossen schmückend und ihn fragt
Wie er als schild für jede sippe diene –
Die auf der stimmen lauteste nur horcht ·
Nicht höhen kennt die seelen-höhen sind.

Was wisst ihr von dem reichen traum und sange
Die ihr bestaunet! schon im kinde leiden
Das an dem wall geht · sich zum brunnen bückt ·
Im jüngling qual und unrast · qual im manne
Und wehmut die er hinter lächeln barg.
Wenn er als ein noch schönerer im leben
Jezt käme – wer dann ehrte ihn? er ginge
Ein könig ungekannt an euch vorbei.

Ihr nennt ihn euer und ihr dankt und jauchzt –
Ihr freilich voll von allen seinen trieben
Nur in den untren lagen wie des tiers –
Und heute bellt allein des volkes räude ...
Doch ahnt ihr nicht dass er der staub geworden
Seit solcher frist noch viel für euch verschliesst
Und dass an ihm dem strahlenden schon viel
Verblichen ist was ihr noch ewig nennt.

NIETZSCHE

Schwergelbe wolken ziehen überm hügel
Und kühle stürme – halb des herbstes boten
Halb frühen frühlings ... Also diese mauer
Umschloss den Donnerer – ihn der einzig war
Von tausenden aus rauch und staub um ihn?
Hier sandte er auf flaches mittelland
Und tote stadt die lezten stumpfen blitze
Und ging aus langer nacht zur längsten nacht.

Blöd trabt die menge drunten · scheucht sie nicht!
Was wäre stich der qualle · schnitt dem kraut!
Noch eine weile walte fromme stille
Und das getier das ihn mit lob befleckt
Und sich im moderdunste weiter mästet
Der ihn erwürgen half sei erst verendet!
Dann aber stehst du strahlend vor den zeiten
Wie andre führer mit der blutigen krone.

Erlöser du! selbst der unseligste –
Beladen mit der wucht von welchen losen
Hast du der sehnsucht land nie lächeln sehn?
Erschufst du götter nur um sie zu stürzen
Nie einer rast und eines baues froh?
Du hast das nächste in dir selbst getötet
Um neu begehrend dann ihm nachzuzittern
Und aufzuschrein im schmerz der einsamkeit.

Der kam zu spät der flehend zu dir sagte:
Dort ist kein weg mehr über eisige felsen
Und horste grauser vögel – nun ist not:
Sich bannen in den kreis den liebe schliesst ..
Und wenn die strenge und gequälte stimme
Dann wie ein loblied tönt in blaue nacht
Und helle flut – so klagt: sie hätte singen
Nicht reden sollen diese neue seele!

BOECKLIN

Trompetenstoss mag aus- und einbegleiten
Umflitterten popanz und feisten krämer –
Du ziehst verschont von gnaden die entehren
Aus stiller schar der nah- und fernen frommen
Den sonnen zu. Dir winken ruh die Schöne
Der städte und Toskanas treue fichten
Und weiter an ligurischen gestades
Erglühtem fels das mütterliche meer.

Als damals hässlich eitle hast begann ·
Die glieder so verschnürt dass eins nur wuchre ·
DER unrat schürfte · DER den himmel stürmte:
Entflohest du des alltags frechem jubel: ·
›Was einzig hebt aus schlamm und schutt – ihr ehrt
Und kennts nicht mehr · dies kleinod reinster helle
Das alle farben strahlt rett ich zur fremde
Bis ihr entblindet wieder nach ihm ruft.‹

Ja wirklicher als jene knechteswelt
Erschufst du die der freien warmen leiber
Mit gierden süss und heiss · mit klaren freuden.
Du riefst aus silberluft und schmalen wipfeln
Aus zaubergrüner flut aus blumigem anger
Aus nächtiger schlucht die urgebornen schauer
Und vors gesims der lorbeern und oliven
Gelobtes land im duft der sagenferne.

Du gabst dem schmerz sein maass: die brandung musste
Vertönen · schrei durch güldne harfe sausen ·
Und steter hoffnung tiefste bläue wölktest
Du über öde fall und untergang ..
Dass heut wir leichten hauptes wandeln dürfen
Nicht arm im dunkel schluchzen war dein walten ·
Du nur verwehrtest dass uns (dank dir Wächter!)
In kalter zeit das heilige feuer losch. ·

PORTA NIGRA

INGENIO ALF. SCOLARI

Dass ich zu eurer zeit erwachen musste
Der ich die pracht der Treverstadt gekannt
Da sie den ruhm der schwester Roma teilte ·
Da auge glühend gross die züge traf
Der klirrenden legionen · in der rennbahn
Die blonden Franken die mit löwen stritten ·
Die tuben vor palästen und den Gott
Augustus purpurn auf dem goldnen wagen!

Hier zog die Mosel zwischen heitren villen ..
O welch ein taumel klang beim fest des weines!
Die mädchen trugen urnen lebenschwellend –
Kaum kenn ich diese trümmer · an den resten
Der kaiserlichen mauern leckt der nebel ·
Entweiht in särgen liegen heilige bilder ·
Daneben hingewühlt barbarenhöhlen ..
Nur aufrecht steht noch mein geliebtes tor!

Im schwarzen flor der zeiten doch voll stolz
Wirft es aus hundert fenstern die verachtung
Auf eure schlechten hütten (reisst es ein
Was euch so dauernd höhnt!) auf eure menschen:
Die fürsten priester knechte gleicher art
Gedunsne larven mit erloschnen blicken
Und frauen die ein sklav zu feil befände –
Was gelten alle dinge die ihr rühmet:

Das edelste ging euch verloren: blut ..
Wir schatten atmen kräftiger! lebendige
Gespenster! lacht der knabe Manlius ..
Er möchte über euch kein zepter schwingen
Der sich des niedrigsten erwerbs beflissen
Den ihr zu nennen scheut – ich ging gesalbt
Mit perserdüften um dies nächtige tor
Und gab mich preis den söldnern der Cäsaren!

DAS ZEITGEDICHT

Ich euch gewissen · ich euch stimme dringe
Durch euren unmut der verwirft und flucht:
›Nur niedre herrschen noch · die edlen starben:
Verschwemmt ist glaube und verdorrt ist liebe.
Wie flüchten wir aus dem verwesten ball?‹
Lasst euch die fackel halten wo verderben
Der zeit uns zehrt · wo ihr es schafft durch eigne
Erhizte sinne und zersplissnes herz.

Ihr wandet so das haupt bis ihr die Schönen
Die Grossen nicht mehr saht – um sie zu leugnen
Und stürztet ihre alt- und neuen bilder.
Ihr hobet über Körper weg und Boden
Aus rauch und staub und dunst den bau · schon wuchsen
In riesenformen mauern bogen türme –
Doch das gewölk das höher schwebte ahnte
Die stunde lang voraus wo er verfiel.

Dann krochet ihr in höhlen ein und riefet:
›Es ist kein tag. Nur wer den leib aus sich
Ertötet hat der lösung lohn: die dauer.‹
So schmolzen ehmals blass und fiebernd sucher
Des golds ihr erz mit wässern in dem tiegel
Und draussen gingen viele sonnenwege ..
Da ihr aus gift und kot die seele kochtet
Verspriztet ihr der guten säfte rest.

Ich sah die nun jahrtausendalten augen
Der könige aus stein von unsren träumen
Von unsren tränen schwer .. sie wie wir wussten:
Mit wüsten wechseln gärten · frost mit glut ·
Nacht kommt für helle – busse für das glück.
Und schlingt das dunkel uns und unsre trauer:
Eins das von je war (keiner kennt es) währet
Und blum und jugend lacht und sang erklingt.

TEMPLER

Wir eins mit allen nur in goldnem laufe –
Undenkbar lang schied unsre schar der haufe ·
Wir Rose: innre jugendliche brunst
Wir Kreuz: der stolz ertragnen leiden kunst.

Auf unbenamter bahn in karger stille
Drehn wir den speer und drehn die dunkle spille.
In feiger zeit schreckt unsrer waffen loh'n ·
Wir geisseln volk und schlagen lärm am thron.

Wir folgen nicht den sitten und den spielen
Der andren die voll argwohn nach uns schielen
Und grauen wenn ihr hass nicht übermannt
Was unser wilder sturm der liebe bannt.

Was uns als beute fiel von schwert und schleuder
Rinnt achtlos aus den händen der vergeuder
Und deren wut verheerend urteil spie
Vor einem kinde sinken sie ins knie.

Der augen sprühen und die freie locke
Die einst den herrn verriet im bettelrocke
Verschleiern wir dem dreisten schwarm verschämt
Der unsre schatten erst mit glanz verbrämt.

Wir wir gediehn im schoosse fremder amme:
Ist unser nachwuchs nie aus unsrem stamme –
Nie alternd nie entkräftet nie versprengt
Da ungeborne glut in ihm sich mengt.

Und jede eherne tat und nötige wende:
Nur unser-einer ist der sie vollende –
Zu der man uns in arger wirrsal ruft
Und dann uns steinigt: fluch dem was ihr schuf't!

Und wenn die grosse Nährerin im zorne
Nicht mehr sich mischend neigt am untern borne ·
In einer weltnacht starr und müde pocht:
So kann nur einer der sie stets befocht

Und zwang und nie verfuhr nach ihrem rechte
Die hand ihr pressen · packen ihre flechte ·
Dass sie ihr werk willfährig wieder treibt:
Den leib vergottet und den gott verleibt.

BISMARCK*

...
In des ehrwürdig römischen Kaisertumes
Sandgrube dieses reich gebaut, als mitte
Die kalte stadt von heer- und handelsknechten
Und herold wurdest seelloser jahrzehnte
Von habgier feilem sinn und hohlem glanz?

Tat so nach väter traum der berg sich auf?
Sei ungeschmält dir was du deinem herrn
Errangst und klug erdachtest – doch entrissen
Was du dir nahmst und toren auf dich luden
Als vorbild unsres ganzen volks

Du griffest – doch nicht weit genug ... du trogest
Nicht kühn genug ... drum wird lästrung heissen
(Für gimpel leim): wir Deutsche fürchten Gott!
Du siegtest stets mit schlag und list im feld
Du fielest stets in heim und frieden – sahest
Vor abend deine liebsten kähne scheitern ...

Nie war dir schritt noch regung die das blut
Uns höher trieb – nie wort das niederzwang
Uns staunend noch vorm korsischen kometen ...
Bei macht gebrach dir edelfreie hand
Und stolz des schweigens als man dich entliess.
Du wolltest diener sein – kein Grosser · fänden
Wir andre grabschrift dir als du dir selbst?

* Ein Fragment (zwischen 1900 und 1907). Das Gedicht stammt aus dem Nachlaß; es wurde der Chronologie der etwaigen Entstehungszeit gemäß hier in den Zyklus eingefügt.

DER WIDERCHRIST

›Dort kommt er vom berge · dort steht er im hain!
Wir sahen es selber · er wandelt in wein
Das wasser und spricht mit den toten.‹

O könntet ihr hören mein lachen bei nacht:
Nun schlug meine stunde · nun füllt sich das garn ·
Nun strömen die fische zum hamen.

Die weisen die toren – toll wälzt sich das volk ·
Entwurzelt die bäume · zerklittert das korn ·
Macht bahn für den zug des Erstandnen.

Kein werk ist des himmels das ich euch nicht tu.
Ein haarbreit nur fehlt · und ihr merkt nicht den trug
Mit euren geschlagenen sinnen.

Ich schaff euch für alles was selten und schwer
Das Leichte · ein ding das wie gold ist aus lehm ·
Wie duft ist und saft ist und würze –

Und was sich der grosse profet nicht getraut:
Die kunst ohne roden und säen und baun
Zu saugen gespeicherte kräfte.

Der Fürst des Geziefers verbreitet sein reich ·
Kein schatz der ihm mangelt · kein glück das ihm weicht ..
Zu grund mit dem rest der empörer!

Ihr jauchzet · entzückt von dem teuflischen schein ·
Verprasset was blieb von dem früheren seim
Und fühlt erst die not vor dem ende.

Dann hängt ihr die zunge am trocknenden trog ·
Irrt ratlos wie vieh durch den brennenden hof ..
Und schrecklich erschallt die posaune.

DER SPIEGEL

Zu eines wassers blumenlosem tiegel
Muss ich nach jeder meiner fahrten wanken.
Schon immer führte ich zu diesem spiegel
All meine träume wünsche und gedanken
Auf dass sie endlich sich darin erkennten –
Sie aber sahen stets sich blass und nächtig:
›Wir sind es nicht‹ so sprachen sie bedächtig
Und weinten wenn sie sich vom spiegel trennten.

Auf einmal fühlt ich durch die bitternisse
Und alter schatten schmerzliches vermodern
Das glück in vollem glanze mich umschweben.
Mir däuchte dass sein arm mich trunknen wiegte ·
Dass ich den stern von seinem haupte risse
Und dann gelöst mich ihm zu füssen schmiegte.
Ich habe endlich ganz in wildem lodern
Emporgeglüht und ganz mich hingegeben.

Ihr träume wünsche kommt jezt froh zum teiche!
Wie ihr euch tief hinab zum spiegel bücket!
Ihr glaubt nicht dass das bild euch endlich gleiche?
Ist er vielleicht gefurcht von welker pflanze ·
Gestört von späten jahres wolkentanze?
Wie ihr euch ängstlich aneinander drücket!
Ihr weint nicht mehr doch sagt ihr trüb und schlicht
Wie sonst: ›wir sind es nicht! wir sind es nicht!‹

Das lockere saatgefilde lechzet krank
Da es nach hartem froste schon die lauern
Lenzlichter fühlte und der pflüge zähne
Und vor dem stoss der vorjahr-stürme keuchte:
Sei mir nun fruchtend bad und linder trank
Von deiner nackten brust das blumige schauern
Das duften deiner leichtgewirrten strähne
Dein hauch dein weinen deines mundes feuchte.

Nun lass mich rufen über die verschneiten
Gefilde wo du wegzusinken drohst:
Wie du mich unbewusst durch die gezeiten
Gelenkt – im anfang spiel und dann mein trost.

Du kamst beim prunk des blumigen geschmeides ·
Ich sah dich wieder bei der ersten mahd
Und unterm rauschen rötlichen getreides
Wand immer sich zu deinem haus mein pfad.

Dein wort erklang mir bei des laubes dorren
So traulich dass ich ganz mich dir befahl
Und als du schiedest lispelte verworren
In seufzertönen das verwaiste tal.

So hat das schimmern eines augenpaares
Als ziel bei jeder wanderung geglimmt.
So ward dein sanfter sang der sang des jahres
Und alles kam weil du es so bestimmt.

VORKLANG

Sterne steigen dort ·
Stimmen an den sang.
Sterne sinken dort
Mit dem wechselsang:

Dass du schön bist
Regt den weltenlauf.
Wenn du mein bist
Zwing ich ihren lauf.

Dass du schön bist
Bannt mich bis zum tod.
Dass du herr bist
Führt in not und tod.

›Dass ich schön bin
Also deucht es mir.
Dass ich dein bin
Also schwör ich dir.‹

LIEDER I–VI

Dies ist ein lied
Für dich allein:
Von kindischem wähnen
Von frommen tränen ..
Durch morgengärten klingt es
Ein leichtbeschwingtes.
Nur dir allein
Möcht es ein lied
Das rühre sein.

Im windes-weben
War meine frage
Nur träumerei.
Nur lächeln war
Was du gegeben.
Aus nasser nacht
Ein glanz entfacht –
Nun drängt der mai ·
Nun muss ich gar
Um dein aug und haar
Alle tage
In sehnen leben.

An baches ranft
Die einzigen frühen
Die hasel blühen.
Ein vogel pfeift
In kühler au.
Ein leuchten streift
Erwärmt uns sanft
Und zuckt und bleicht.
Das feld ist brach ·
Der baum noch grau ..
Blumen streut vielleicht
Der lenz uns nach.

Im morgen-taun
Trittst du hervor
Den kirschenflor
Mit mir zu schaun ·
Duft einzuziehn
Des rasenbeetes.
Fern fliegt der staub ..
Durch die natur
Noch nichts gediehn
Von frucht und laub –
Rings blüte nur ...
Von süden weht es.

Kahl reckt der baum
Im winterdunst
Sein frierend leben ·
Lass deinen traum
Auf stiller reise
Vor ihm sich heben!
Er dehnt die arme –
Bedenk ihn oft
Mit dieser gunst
Dass er im harme
Dass er im eise
Noch frühling hofft!

Kreuz der strasse ..
Wir sind am end.
Abend sank schon ..
Dies ist das end.
Kurzes wallen
Wen macht es müd?
Mir zu lang schon ..
Der schmerz macht müd.
Hände lockten:
Was nahmst du nicht?
Seufzer stockten:
Vernahmst du nicht?
Meine strasse
Du ziehst sie nicht.
Tränen fallen
Du siehst sie nicht.

JAHRHUNDERTSPRUCH

Zehntausend sterben ohne klang: der Gründer
Nur gibt den namen .. für zehntausend münder
Hält einer nur das maass. In jeder ewe
Ist nur ein gott und einer nur sein künder.

EIN DRITTER

Der mann! die tat! so lechzen volk und hoher rat ·
Hofft nicht auf einen der an euren tischen ass!
Vielleicht wer jahrlang unter euren mördern sass ·
In euren zellen schlief: steht auf und tut die tat.

EIN FÜNFTER: ÖSTLICHE WIRREN

Strohfeuer bleibt dies schlagen und dies rasen
Bis sich inmitten ziellosen geschreis
Der Eine hebt .. doch wahre gluten blasen –
Wer kann es in ein volk aus kind und greis?

DER STERN DES BUNDES

(1913)

Alles habend alles wissend seufzen sie:
›Karges leben! drang und hunger überall!
Fülle fehlt!‹
Speicher weiss ich über jedem haus
Voll von korn das fliegt und neu sich häuft –
Keiner nimmt ..
Keller unter jedem hof wo siegt
Und im sand verströmt der edelwein –
Keiner trinkt ..
Tonnen puren golds verstreut im staub:
Volk in lumpen streift es mit dem saum –
Keiner sieht.

Ihr baut verbrechende an maass und grenze:
›Was hoch ist kann auch höher!‹ doch kein fund
Kein stütz und flick mehr dient .. es wankt der bau.
Und an der weisheit end ruft ihr zum himmel:
›Was tun eh wir im eignen schutt ersticken
Eh eignes spukgebild das hirn uns zehrt?‹
Der lacht: zu spät für stillstand und arznei!
Zehntausend muss der heilige wahnsinn schlagen
Zehntausend muss die heilige seuche raffen
Zehntausende der heilige krieg.

Schweigt mir vom Höchsten Gut: eh ihr entsühnt
Macht ihr es niedrig wie ihr denkt und seid ..
Gott ist ein schemen wenn ihr selbst vermürbt!
Schweigt mir vom weib: eh ihr all dies nicht seht
Was unterm fruchtbar schmerzenvollen prall
Des stärkeren in lust erstöhnen muss.
Schweigt mir vom volk: da euer keiner ahnt
Den fug von scholle und gesteinter tenne
Den rechten mit- und auf- und unterstieg –
Das knüpfen der zersplissnen goldnen fäden.

Wägt die gefahr für kostbar bild und blatt
Wovor ihr kniet wie wir – beim grossen brand!
›Viel mehr vernichtet sie wenn sie euch bleiben
Eur ätzend gift und euer sammelgrab
Als trümmerstatt und mütterlicher schlund.
Einst mag geschehn dass aus noch kargern resten
Vom schutt behütet – aus geborstner wand
Verwittertem gestein zerfressnem erz
Vergilbter schrift ein leben sich entzünde! ..
Die art wie ihr bewahrt ist ganz verfall.

Weltabend lohte .. wieder ging der Herr
Hinein zur reichen stadt mit tor und tempel
Er arm verlacht der all dies stürzen wird.
Er wusste: kein gefügter stein darf stehn
Wenn nicht der grund · das ganze · sinken soll.
Die sich bestritten nach dem gleichen trachtend:
Unzahl von händen rührte sich und unzahl
Gewichtiger worte fiel und Eins war not.
Weltabend lohte .. rings war spiel und sang
Sie alle sahen rechts – nur Er sah links.

Wer je die flamme umschritt
Bleibe der flamme trabant!
Wie er auch wandert und kreist:
Wo noch ihr schein ihn erreicht
Irrt er zu weit nie vom ziel.
Nur wenn sein blick sie verlor
Eigener schimmer ihn trügt:
Fehlt ihm der mitte gesetz
Treibt er zerstiebend ins all.

Neuen adel den ihr suchet
Führt nicht her von schild und krone!
Aller stufen halter tragen
Gleich den feilen blick der sinne
Gleich den rohen blick der spähe ..
Stammlos wachsen im gewühle
Seltne sprossen eignen ranges
Und ihr kennt die mitgeburten
An der augen wahrer glut.

AUF NEUE TAFELN SCHREIBT DER NEUE STAND:
Lasst greise des erworbnen guts sich freuen
Das ferne wettern reicht nicht an ihr ohr.
Doch alle jugend sollt ihr sklaven nennen
die heut mit weichen klängen sich betäubt
Mit rosenketten überm abgrund tändelt.
Ihr sollt das morsche aus dem munde spein
Ihr sollt den dolch im lorbeerstrausse tragen
Gemäss in schritt und klang der nahen Wal.

DAS NEUE REICH

(1928)

GOETHES LEZTE NACHT IN ITALIEN

Welch ein schimmer traf mich vom südlichen meer?
Fichten seh ich zwei ihre schwarzen flügel
Recken ins stetige blau der nacht und dazwischen
Silbern in ruhigem flimmern ein einziger stern.
Aus den büschen tritt nun das Paar .. vor dem Bild
Mitten im laub-rund · leuchtender marmor wie sie ·
Tun sie noch immer umschlungen den grossen schwur.
Mächtig durch der finsteren bräuche gewalt
Heben sie nun ihre häupter für herrschaft und helle.
Staunend hört ihren heldengesang die verklärung
Ewiger räume · dann trägt ihn der duftige wind
Über das schlummernde land und die raunende see.

Abschied reisst durch die brust – von dem heiligen boden
Wo ich erstmals wesen wandeln im licht
Sah und durch reste der säulen der Seligen reigen ..
Ich den ihr preisend ›herz eures volkes‹ genannt
›Echtesten erben‹: hier hab ich vor armut gezittert ·
Hier ward erst mensch der hier wiederbegonnen als kind.
Durch die nebel schon hör ich euch schmälende stimmen:
›Hellas' lotus liess ihn die heimat vergessen‹ …
O dass mein wort ihr verstündet – kein weiseres frommt
                                                    euch –
›Nicht nur in tropfen · nein traget auch fürder in strömen
Von eurem blute das edelste jenseit der berge ·
Anteil und sinn euch solang ihr noch unerlöst.‹

Euch betraf nicht beglückterer stämme geschick
Denen ein Seher erstand am beginn ihrer zeiten
Der noch ein sohn war und nicht ein enkel der Gäa
Der nicht der irdischen schichten geheimnis nur spürte
Der auch als gast in ambrosischen hallen geweilt
Der dort ein scheit des feuers stahl für sein volk
Das nun sein lebenlang ganz nicht mehr tastet in irre
Der in die schluchten der grausigen Hüterinnen
Die an den wurzeln im Untersten sitzen · sich wagte

Die widerstrebenden schreienden niederrang
Ihnen die formel entreissend mit der er beschwört ...
Solch einer ward euch nicht und ich bin es nicht.

Früh einst – so denkt es mir – trug ein bewimpeltes schiff
Uns in das nachbarlich rheinische rebengeländ ..
Hellblauer himmel des herbstes besonnte die gaue
Weisse häuser und eichen-kronige gipfel ..
Und sie luden die lezten trauben am hügel
Schmückten mit kränzen die bütten · die festlichen winzer ·
Nackte und golden gepuzte mit flatternden bändern ..
Lachend mit tosendem sange beim dufte des mostes
Also stürmte die strasse am tiefgrünen strom
Purpurnes weinlaub im haare der bacchische zug.
Dort an dem römischen Walle · der grenze des Reichs ·
Sah ich in ahnung mein heimliches muttergefild.

Unter euch lebt ich im lande der träume und töne
In euren domen verweilt ich · ehrfürchtiger beter ·
Bis mich aus spitzen und schnörkeln aus nebel und trübe
Angstschrei der seele hinüber zur sonne rief.
Heimwärts bring ich euch einen lebendigen strahl ·
Dränge zutiefst in den busen die dunkleren flammen ·
Euch ein verhängnis solang ihr verworren noch west.
Nehmt diesen strahl in euch auf – o nennt ihn nicht
                                              kälte! –
Und ich streu euch inzwischen im buntesten wechsel
Steine und kräuter und erze: nun alles · nun nichts ..
Bis sich verklebung der augen euch löst und ihr merket:
Zauber des Dings – und des Leibes · der göttlichen norm.

Lange zwar sträuben sich gegen die Freudige Botschaft
Grad eure klügsten · sie streichen die wallenden bärte ·
Zeigen mit fingern in stockige bücher und rufen:
›Feind unsres vaterlands · opfrer an falschem altar‹ ...
Ach wenn die fülle der zeiten gekommen: dann werden
Wieder ein tausendjahr eurer Gebieter und Weisen
Nüchternste sinne und trotzigste nacken gefüge
Ärmlicher schar von verzückten landflüchtigen folgen

Sich bekehren zur wildesten wundergeschichte
Leibhaft das fleisch und das blut eines Mittlers geniessen ·
Knieen im staube ein weiteres tausendjahr
Vor einem knaben den ihr zum gott erhebt.

Doch wohin lockst du und führst du · erhabenes Paar? ..
Sind es die schatten der sehnsucht · lieblich und quälend? ..
Säulenhöfe seh ich mit bäumen und brunnen
Jugend und alter in gruppen bei werk und bei musse
Maass neben stärke .. so weiss ich allein die gebärden
Attischer würde .. die süssen und kräftigen klänge
Eines äolischen mundes. Doch nein: ich erkenne
Söhne meines volkes – nein: ich vernehme
Sprache meines volkes. Mich blendet die freude.
Wunder hat sich erfüllt von marmor und rosen ...
Welch ein schauer des ungebahnten erbebt?
Welch ein schimmer traf mich vom südlichen meer?

DER KRIEG

... Wem das gewissen drohe
Mit eigner oder fremder schande drucke
Empfindet deine worte wol als rohe.

Dem ohngeachtet halt dich frei vom schmucke
Und ganz eröffne das von dir geschaute
Lass es geschehn dass wen es beisst sich jucke.

Wenn auch beschwerlich werden deine laute
Beim ersten kosten · wird lebendige zehrung
Man draus entnehmen wenn man sie verdaute.

Dante · Göttliche Komödie · Himmel XVII

Wie das getier der wälder das bisher
Sich scheute oder fletschend sich zerriss
Bei jähem brand und wenn die erde bebt
Sich sucht und nachbarlich zusammendrängt:
So in zerspaltner heimat schlossen sich
Beim schrei DER KRIEG die gegner an .. ein hauch
Des unbekannten eingefühls durchwehte
Von schicht zu schicht und ein verworrnes ahnen
Was nun beginnt ... Für einen augenblick
Ergriffen von dem welthaft hohen schauer
Vergass der feigen jahre wust und tand
Das volk und sah sich gross in seiner not.

Sie kamen zu dem Siedler auf dem berg:
›Liegst du noch still beim ungeheuren los?‹
Der sprach: dies frösteln war das edelste! ..
Was euch erschüttert ist mir lang vertraut ·
Lang hab ich roten schweiss der angst geschwizt
Als man mit feuer spielte .. meine tränen
Vorweg geweint .. heut find ich keine mehr.
Das meiste war geschehn und keiner sah ..
Das trübste wird erst sein und keiner sieht.
Ihr lasst euch pressen von der äussern wucht ..
Dies sind die flammenzeichen · nicht die kunde.
Am streit wie ihr ihn fühlt nehm ich nicht teil.

Nie wird dem Seher dank .. er trifft auf hohn
Und steine · ruft er unheil – wut und steine
Wenn es hereinbrach. Angehäufte frevel
Von allen zwang und glück genannt · verhehlter
Abfall von Mensch zu Larve heischen busse ..
Was ist IHM mord von hunderttausenden
Vorm mord am Leben selbst? Er kann nicht schwärmen
Von heimischer tugend und von welscher tücke.
Hier hat das weib das klagt · der satte bürger ·
Der graue bart ehr schuld als stich und schuss
Des widerparts an unsrer söhn und enkel
Verglasten augen und zerfeztem leib.

SEIN amt ist lob und fem · gebet und sühne ·
Er liebt und dient auf seinem weg. Die jüngsten
Der teuren sandt er aus mit segenswunsch ..
Sie wissen was sie treibt und was sie feit ..
Sie ziehn um keinen namen – nein um sich.
IHN packt ein tiefres grausen. Die Gewalten
Nennt er nicht fabel. Wer begreift sein flehn:
›Die ihr die fuchtel schwingt auf leichenschwaden ·
Wollt uns bewahren vor zu leichtem schlusse
Und vor der ärgsten · vor der Blut-schmach!‹ Stämme
Die sie begehn sind wahllos auszurotten
Wenn nicht ihr bestes gut zum banne geht.

Zu jubeln ziemt nicht: kein triumf wird sein ·
Nur viele untergänge ohne würde ..
Des schöpfers hand entwischt rast eigenmächtig
Unform von blei und blech · gestäng und rohr.
Der selbst lacht grimm wenn falsche heldenreden
Von vormals klingen der als brei und klumpen
Den bruder sinken sah · der in der schandbar
Zerwühlten erde hauste wie geziefer ..
Der alte Gott der schlachten ist nicht mehr.
Erkrankte welten fiebern sich zu ende
In dem getob. Heilig sind nur die säfte
Noch makelfrei versprizt – ein ganzer strom.

Wo zeigt der Mann sich der vertritt? das Wort
Das einzig gilt fürs spätere gericht?
Spotthafte könige mit bühnenkronen ·
Sachwalter · händler · schreiber – pfiff und zahl.
Auch in verbriefter ordnung grenzen: taumel ·
Dann drohnde wirrsal .. da entstieg gestüzt
Auf seinen stock farblosem vororthaus
Der fahlsten unsrer städte ein vergessner
Schmuckloser greis .. der fand den rat der stunde
Und rettete was die gebärdig lauten
Schliesslich zum abgrundsrand gebracht: das reich ..
Doch vor dem schlimmren feind kann er nicht retten.

›Fehlt dir der blick für solch ein maass von opfern
Und kraft der allheit?‹ Diese sind auch drüben.
Das nötige werk der pflicht bleibt stumpf und glanzlos
Und opfer steigt nicht in verruchter zeit ..
Menge ist wert · doch ziellos · schafft kein sinnbild ·
Hat kein gedächtnis – Was fragt sich der Weise?
Sie troff im schwatz von wolfahrt · menschlichkeit
Und hebt nun an das greulichste gemetzel.
Nach speichel niedrigster umwerbung: geifer
Gemeinsten schimpfs! .. und was sich eben hetzt
Umkröche sich geschmiegt wenn sich erhöbe
Furchtbar vor ihm das künftige gesicht.

Und was schwillt auf als geist! Solch zart gewächs
Hat fernab sein entstehn … Wie faulige frucht
Schmeckt das gered von hoh-zeit auferstehung
In welkem ton. Wer gestern alt war kehrt nicht
Jezt heim als neu und wer ein richtiges sagt
Und irrt im lezten steckt im stärksten wahn.
Spricht Aberwitz: ›Nun lernten wir fürs nächste‹
Ach dies wird wiederum anders! .. dafür rüstet
Nur vollste umkehr: schau und innrer sinn.
Keiner der heute ruft und meint zu führen
Merkt wie er tastet im verhängnis · keiner
Erspäht ein blasses glühn vom morgenrot.

Weit minder wundert es dass soviel sterben
Als dass soviel zu leben wagt. Wer schritthielt
Mit dem Jahrhundert darf heut spuk nur sehn.
Der hilft sich · kind und narr: ›Du hasts gewollt‹
Alle und keiner – heisst das bündige urteil.
Der lügt sich · schelm und narr: ›Diesmal winkt sicher
Das Friedensreich.‹ Verstrich die frist: müsst wieder
Ihr waten bis zum knöchel bis zum knie
Im most des grossen Keltrers .. doch dann schoss
Ein nachwuchs auf · der hat kein heuchel-auge:
Er hat das schicksalsauge das der schreck
Des ehernen fugs gorgonisch nicht versteint.

In beiden lagern kein Gedanke – wittrung
Um was es geht .. Hier: sorge nur zu krämern
Wo schon ein andrer krämert .. ganz zu werden
Was man am andren schmäht und sich zu leugnen
›Ein volk ist tot wenn seine götter tot sind‹
Drüben: ein pochen auf ehmaligen vorrang
Von pracht und sitte · während feile nutzsucht
Bequem veratmen will .. im schooss der hellsten
Einsicht kein schwacher blink · dass die Verpönten
Was fallreif war zerstören · dass vielleicht
Ein ›Hass und Abscheu menschlichen geschlechtes‹
Zum weitren male die erlösung bringt.

Doch endet nicht mit fluch der sang. Manch ohr
Verstand schon meinen preis auf stoff und stamm ·
Auf kern und keim .. schon seh ich manche hände
Entgegen mir gestreckt · sag ich: o Land
Zu schön als dass dich fremder tritt verheere:
Wo flöte aus dem weidicht tönt · aus hainen
Windharfen rauschen · wo der Traum noch webt
Untilgbar durch die jeweils trünnigen erben ..
Wo die allblühende Mutter der verwildert
Zerfallnen weissen Art zuerst enthüllte
Ihr echtes antlitz .. Land dem viel verheissung
Noch innewohnt – das drum nicht untergeht!

Die jugend ruft die Götter auf .. Erstandne
Wie Ewige nach des Tages fülle .. Lenker
Im sturmgewölk gibt Dem des heitren himmels
Das zepter und verschiebt den Längsten Winter.
Der an dem Baum des Heiles hing warf ab
Die blässe blasser seelen · dem Zerstückten
Im glut-rausch gleich .. Apollo lehnt geheim
An Baldur: ›Eine weile währt noch nacht ·
Doch diesmal kommt von Osten nicht das licht.‹
Der kampf entschied sich schon auf sternen: Sieger
Bleibt wer das schutzbild birgt in seinen marken
Und Herr der zukunft wer sich wandeln kann.

DER DICHTER IN ZEITEN DER WIRREN

DEM ANDENKEN DES GRAFEN BERNHARD UXKULL

Der Dichter heisst im stillern gang der zeit
Beflügelt kind das holde träume tönt
Und schönheit bringt ins tätige getrieb.
Doch wenn aus übeln sich das wetter braut
Das schicksal pocht mit lauten hammerschlägen
Klingt er wie rauh metall und wird verhört ..
Wenn alle blindheit schlug · er einzig seher
Enthüllt umsonst die nahe not .. dann mag
Kassandra-warnen heulen durch das haus
Die tollgewordne menge sieht nur eins:
Das pferd · das pferd! und rast in ihren tod.
Dann mag profeten-ruf des stammgotts groll
Vermelden und den trab von Assurs horden
Die das erwählte volk in knechtschaft schleppen:
Der weise Rat hat sichreren bericht
Verlacht den mahner · sperrt ihn ins verlies.
Wenn rings die Heilige Stadt umzingelt ist
Bürger und krieger durcheinander rennen
Fürsten und priester drin sich blutig raufen
Um einen besenstiel indes schon draussen
Das stärkste bollwerk fällt: er seufzt und schweigt.
Wenn der erobrer dann mit raub und brand
Hereinstürmt und ins joch zwingt mann und weib
Ein teil wutschäumend seine eigne schuld
Abwälzend auf den andren lädt · ein teil
Entbehrungsmüd sich um die brocken balgt
Die ihm der freche sieger vorwirft · johlend
Und tanzend sich betäubt · am riste leckt
Der tritt und schlägt: Er fernab fühlt allein
Das ganze elend und die ganze schmach.
Geh noch einmal zum berg zu deinen geistern
Und bring uns tröstlicheren spruch der löse
Aus dieser trübsal! .. also spricht ein greis ...
Was soll hier himmels stimme wo kein ohr ist
Für die des plansten witzes? was soll rede
Vom geiste wo kein allgemeiner trieb ist
Als der des trogs? wo jede zunft die andre

Beschimpfend stets ihr leckes boot empfiehlt
Das kläglich scheiterte · heil sucht in mehrung
Ihr lieben tandes? wo die klügsten fabeln
Vom frischen aufbau mit den alten sünden
Und raten: macht euch klein wie würmer dass euch
Der donner schont der blitz euch nicht gewahrt …
Der ganze stamm der lebenden der hinfuhr
Durch lange irrsal wird vor seinen götzen
Die ihn in staub und niedrigkeit geworfen
So oft sie lügen immer weiter räuchern
Hat seines daseins oberstes gesetz
Hat was ihm den bestand verbürgt vergessen
Glaubt an den Lenker nicht · braucht nicht den Sühner
Will sich mit list aus dem verhängnis ziehn.
Noch härtre pflugschar muss die scholle furchen
Noch dickrer nebel muss die luft bedräun ..
Der blassest blaue schein aus wolkenfinster
Bricht auf die Heutigen erst herein wenn alles
Was eine sprache spricht die hand sich reicht
Um sich zu wappnen wider den verderb –
Gleichviel ob rot ob blau ob schwarz die fahlen
Verschlissnen fahnenfetzen von sich schüttelt
Und tag und nacht nur an die Vesper denkt.
Der Sänger aber sorgt in trauer-läuften
Dass nicht das mark verfault · der keim erstickt.
Er schürt die heilige glut die über-springt
Und sich die leiber formt · er holt aus büchern
Der ahnen die verheissung die nicht trügt
Dass die erkoren sind zum höchsten ziel
Zuerst durch tiefste öden ziehn dass einst
Des erdteils herz die welt erretten soll ..
Und wenn im schlimmsten jammer lezte hoffnung
Zu löschen droht: so sichtet schon sein aug
Die lichtere zukunft. Ihm wuchs schon heran
Unangetastet von dem geilen markt
Von dünnem hirngeweb und giftigem flitter
Gestählt im banne der verruchten jahre
Ein jung geschlecht das wieder mensch und ding
Mit echten maassen misst · das schön und ernst
Froh seiner einzigkeit · vor Fremdem stolz
Sich gleich entfernt von klippen dreisten dünkels

Wie seichtem sumpf erlogner brüderei
Das von sich spie was mürb und feig und lau
Das aus geweihtem träumen tun und dulden
Den einzigen der hilft den Mann gebiert ..
Der sprengt die ketten fegt auf trümmerstätten
Die ordnung · geisselt die verlaufnen heim
Ins ewige recht wo grosses wiederum gross ist
Herr wiederum herr · zucht wiederum zucht · er heftet
Das wahre sinnbild auf das völkische banner
Er führt durch sturm und grausige signale
Des frührots seiner treuen schar zum werk
Des wachen tags und pflanzt das Neue Reich.

DER MENSCH UND DER DRUD

DER MENSCH
Das enge bachbett sperrt ein wasserfall –
Doch wer hängt das behaarte bein herab
Von dieses felsens träufelnd fettem moos?
Aus buschig krausem kopfe lugt ein horn ..
So weit ich schon in waldgebirgen jagte
Traf ich doch seinesgleichen nie ... Bleib still
Der weg ist dir verlegt · verbirg auch nichts!
Aus klarer welle schaut ein ziegenfuss.

DER DRUD
Nicht dich noch mich wird freun dass du mich fandst.

DER MENSCH
Ich wusste wol von dir verwandtem volk
Aus vorzeitlicher märe – nicht dass heut
So nutzlos hässlich ungetüm noch lebt.

DER DRUD
Wenn du den lezten meiner art vertriebst
Spähst du vergeblich aus nach edlem wild
Dir bleibt als beute nager und gewürm
Und wenn ins lezte dickicht du gebrochen
Vertrocknet bald dein nötigstes: der quell.

DER MENSCH
Du ein weit niedrer lehrst mich? Unser geist
Hat hyder riese drache greif erlegt
Den unfruchtbaren hochwald ausgerodet
Wo sümpfe standen wogt das ährenfeld
Im saftigen grün äst unser zahmes rind
Gehöfte städte blühn und helle gärten
Und forst ist noch genug für hirsch und reh –
Die schätze hoben wir von see und grund

Zum himmel rufen steine unsre siege ..
Was willst du überbleibsel grauser wildnis?
Das licht die ordnung folgen unsrer spur.

DER DRUD

Du bist nur mensch .. wo deine weisheit endet
Beginnt die unsre · du merkst erst den rand
Wo du gebüsst hast für den übertritt.
Wenn dein getreide reift dein vieh gedeiht
Die heiligen bäume öl und trauben geben
Wähnst du dies käme nur durch deine list.
Die erden die in dumpfer urnacht atmen
Verwesen nimmer · sind sie je gefügt
Zergehn sie wenn ein glied dem ring entfällt.
Zur rechten weile ist dein walten gut ·
Nun eil zurück! du hast den Drud gesehn.
Dein schlimmstes weisst du selbst nicht: wenn dein sinn
Der vieles kann in wolken sich verfängt
Das band zerrissen hat mit tier und scholle –
Ekel und lust getrieb und einerlei
Und staub und strahl und sterben und entstehn
Nicht mehr im gang der dinge fassen kann.

DER MENSCH

Wer sagt dir so? dies sei der götter sorge.

DER DRUD

Wir reden nie von ihnen · doch ihr toren
Meint dass sie selbst euch helfen. Unvermittelt
Sind sie euch nie genaht. Du wirst du stirbst –
Wes wahr geschöpf du bist erfährst du nie.

DER MENSCH

Bald ist kein raum mehr für dein zuchtlos spiel.

DER DRUD

Bald rufst du drinnen den du draussen schmähst.

DER MENSCH

Du giftiger unhold mit dem schiefen mund
Trotz deiner missgestalt bist du der unsren
Zu nah · sonst träfe jezt dich mein geschoss ..

DER DRUD

Das tier kennt nicht die scham der mensch nicht dank.
Mit allen künsten lernt ihr nie was euch
Am meisten frommt .. wir aber dienen still.
So hör nur dies: uns tilgend tilgt ihr euch.
Wo unsre zotte streift nur da kommt milch
Wo unser huf nicht hintritt wächst kein halm.
Wär nur dein geist am werk gewesen: längst
Wär euer schlag zerstört und all sein tun
Wär euer holz verdorrt und saatfeld brach ..
Nur durch den zauber bleibt das leben wach.

DAS LIED

Es fuhr ein knecht hinaus zum wald
Sein bart war noch nicht flück
Er lief sich irr im wunderwald
Er kam nicht mehr zurück.

Das ganze dorf zog nach ihm aus
Vom früh- zum abendrot
Doch fand man nirgends seine spur
Da gab man ihn für tot.

So flossen sieben jahr dahin
Und eines morgens stand
Auf einmal wieder er vorm dorf
Und ging zum brunnenrand.

Sie fragten wer er wär und sahn
Ihm fremd ins angesicht ·
Der vater starb die mutter starb
Ein andrer kannt ihn nicht.

Vor tagen hab ich mich verirrt
Ich war im wunderwald
Dort kam ich recht zu einem fest
Doch heim trieb man mich bald.

Die leute tragen güldnes haar
Und eine haut wie schnee ..
So heissen sie dort sonn und mond
So berg und tal und see.

Da lachten all: in dieser früh
Ist er nicht weines voll.
Sie gaben ihm das vieh zur hut
Und sagten er ist toll.

So trieb er täglich in das feld
Und sass auf einem stein
Und sang bis in die tiefe nacht
Und niemand sorgte sein.

Nur kinder horchten seinem lied
Und sassen oft zur seit ..
Sie sangen's als er lang schon tot
Bis in die spätste zeit.

SCHIFFERLIED

ABSCHIED YVOS VON JOLANDA

Du harrst umsonst.   Ist Der auch hin
Und schläft in ruh   wo keiner ihn
Entdecken wird –   mein blut ward kühl
Ich geh an Bord   seh dich nicht mehr.

Als er erwürgt   zur klippe sank
Floh weit wie je   das nahe glück.
Du ahnst wol viel   das letzte kaum ..
Wild lockt das meer   nie werd ich dein.

Ich weiss du weinst   wenn abends spät
Dir botschaft kommt   ich sei schon fern –
Mein schiff mein freund –   bis sich beim werk
An fremdem strand   mein los erfüllt.

Wir all sind bös   doch du bleib rein!
Bald klagst du sanft   und flichst den kranz
Fürs gnadenbild   am felsgestad
Und flehst um dein   und um mein heil.

Horch was die dumpfe erde spricht:
Du frei wie vogel oder fisch –
Worin du hängst · das weisst du nicht.

Vielleicht entdeckt ein spätrer mund:
Du sassest mit an unsrem tisch
Du zehrtest mit von unsrem pfund.

Dir kam ein schön und neu gesicht
Doch zeit ward alt · heut lebt kein mann
Ob er je kommt das weisst du nicht

Der dies gesicht noch sehen kann.

SEELIED

Wenn an der kimm in sachtem fall
Eintaucht der feurig rote ball:
Dann halt ich auf der düne rast
Ob sich mir zeigt ein lieber gast.

Zu dieser stund ists öd daheim ·
Die blume welkt im salzigen feim.
Im lezten haus beim fremden weib
Tritt nie wer unter zum verbleib.

Mit gliedern blank mit augen klar
Kommt nun ein kind mit goldnem haar ·
Es tanzt und singt auf seiner bahn
Und schwindet hinterm grossen kahn.

Ich schau ihm vor · ich schau ihm nach
Wenn es auch niemals mit mir sprach
Und ich ihm nie ein wort gewusst:
Sein kurzer anblick bringt mir lust.

Mein herd ist gut · mein dach ist dicht ·
Doch eine freude wohnt dort nicht.
Die netze hab ich all geflickt
Und küch und kammer sind beschickt.

So sitz ich · wart ich auf dem strand
Die schläfe pocht in meiner hand:
Was hat mein ganzer tag gefrommt
Wenn heut das blonde kind nicht kommt.

DIE TÖRICHTE PILGERIN

Wo die strasse vom gebirg
Plötzlich sich zum strome kehrt
Felder bis zur kuppe ziehn
Wo mich einst die schwangre bat
Dass ich ihr die heu-last höbe:

Dort lag mit verwirrtem haar
Und in kümmerlichem rock
Wie vor müde hingestürzt
An dem wegrand eine maid –
Ich ging hin und half ihr auf ..

Dankend sprach sie und betrübt
Während sie die stirn sich strich:
Oft schon kam ich dir vorbei
Nur mein unglück dass ich fiel
Machte dass du auf mich schautest.

Nächstes mal wenn du mich triffst
Zeig ich mich in schmuckrem kleid ..
Freu ich dich auch so nicht sehr:
Wird dein blick doch auf mir ruhn
Weil du einst vom grund mich hobst.

DAS WORT

Wunder von ferne oder traum
Bracht ich an meines landes saum

Und harrte bis die graue norn
Den namen fand in ihrem born –

Drauf konnt ichs greifen dicht und stark
Nun blüht und glänzt es durch die mark ...

Einst langt ich an nach guter fahrt
Mit einem kleinod reich und zart

Sie suchte lang und gab mir kund:
›So schläft hier nichts auf tiefem grund‹

Worauf es meiner hand entrann
Und nie mein land den schatz gewann ...

So lernt ich traurig den verzicht:
Kein ding sei wo das wort gebricht.

DIE BECHER

Sieh hier den becher golds
Voll von funkelndem wein –
Jedes hat einen schlurf!

Sieh dort den becher aus holz
Mit den drei würfeln aus stein –
Jedes hat einen wurf!

Dieser lässt ohne verdruss
Wissen was zu uns steht ·
Heben vom tisch wir ihn bloss.

Jener bringt den beschluss
Den niemand vorsieht und dreht:
Wieviel Mein los wieviel Dein los.

DAS LICHT

Wir sind in trauer wenn · uns minder günstig
Du dich zu andren · mehr beglückten · drehst
Wenn unser geist · nach anbetungen brünstig ·
An abenden in deinem abglanz wes't.

Wir wären töricht · wollten wir dich hassen
Wenn oft dein strahl verderbendrohend sticht
Wir wären kinder · wollten wir dich fassen –
Da du für alle leuchtest · süsses Licht!

Du schlank und rein wie eine flamme
Du wie der morgen zart und licht
Du blühend reis vom edlen stamme
Du wie ein quell geheim und schlicht

Begleitest mich auf sonnigen matten
Umschauerst mich im abendrauch
Erleuchtest meinen weg im schatten
Du kühler wind du heisser hauch

Du bist mein wunsch und mein gedanke
Ich atme dich mit jeder luft
Ich schlürfe dich mit jedem tranke
Ich küsse dich mit jedem duft

Du blühend reis vom edlen stamme
Du wie ein quell geheim und schlicht
Du schlank und rein wie eine flamme
Du wie der morgen zart und licht.

NACHWORT

Wann auch immer wir uns aus der Gegenwart in den geschichtlichen Raum zurückwenden, etwa den Kunstraum seit der Jahrhundertwende, wir können es nicht anders, als all die tiefen Zäsuren und Veränderungen, die sich bis zu unserem Heute ereigneten, mitzudenken. Die beiden Weltkriege, die Revolutionen auf diesem Kontinent, den Einbruch des Faschismus, die maßlosen demokratischen Hoffnungen und die schmerzhaften Desillusionierungen nach den großen Katastrophen, die existentiellen Bedrohungen unseres jetzigen Daseins. Angesichts solch lastender Historie ist ein unbefangenes, gar voraussetzungsloses Anschauen von Artefakten der Literatur unmöglich; mögen sie der gesellschaftlichen Wirklichkeit auch noch so sehr enthoben oder aber programmatisch und tief problematisch ganz und gar verflochten sein.

Der Dichter Stefan George, der am 4. Dezember 1933 im Alter von fünfundsechzig Jahren in Muralto bei Locarno gestorben war, hatte sich niemals öffentlich zum Faschismus bekannt, doch sich auch nicht in dem Moment von ihm öffentlich distanziert, als zahllose deutsche Künstler fliehen mußten oder emigrierten. Zwar lehnte er die ihm von den neuen Machthabern angetragene Präsidentschaft der Preußischen Akademie der Künste, Sektion für Dichtkunst, ab – er habe, so ließ er sie durch Ernst Morwitz wissen, seit fast einem halben Jahrhundert deutsche Dichtung und deutschen Geist ohne Akademie verwaltet –, allein er stellte sich selbst in den Zusammenhang der Anfänge jenes Systems, das innerhalb weniger Jahre zu einem der inhumansten der bisherigen Menschheitsgeschichte werden sollte, indem er sagen ließ: Die Ahnherrschaft der neuen nationalen Bewegung leugne er zwar nicht ab, aber die Gesetze des Geistigen und des Politischen seien doch sehr verschieden. Dieser Endpunkt einer dichterischen, vielleicht mehr noch denkerischen Entwicklung ist nichts weniger als eine Verirrung oder ein Zufall gewesen; dennoch wäre es ein nicht mehr zu rechtfertigender Kurzschluß, ordnete man alle Elemente des Georgeschen Dichtens und Denkens mit Notwendigkeit jener Koinzidenz der Erwartung eines um Anerkennung bemühten Systems und des Eingeständnisses eines um eine Stellungnahme Angesprochenen zu.

1920, als das Werk Georges eigentlich schon abgeschlossen war – der 1928 erschienene letzte Band, *Das Neue Reich*, enthielt alle seit 1913 entstandenen Gedichte –, sprach Thomas Mann bewundernd von der „hohe(n) Strenge und Würde einer Erscheinung wie Stefan George". Sehr viel später, nach den bittersten Erfahrungen deutscher Geschichte in diesem Jahrhundert, 1953, schrieb er in das Rilke-Buch von Jean Rodolphe von Salis: dieses Buch habe seine „Verehrung vertieft für seinen zarten und edlen Helden, dessen ‚Weichheit' ... dem Guten, Rechten, Menschlichen so viel näher war als die sterile Starrheit jenes Anderen, vor dessen schuldhafter Anmaßung mir immer tief graut". Der durch die Zeit verursachte Blickwechsel mußte jenes „Geistige" mit dem „Politischen" als pervertiert in eins sehen und zugleich einen Humanismus anrufen, der in historischer Selbstbesinnung die einzige Gewähr für Zukunft sein konnte. Georg Lukács hatte 1950 das Wort von Georges „unbrüderlichem Aristokratismus" geprägt – wir werden fragen müssen, ob ein *brüderlicher* Aristokratismus vorstellbar wäre –, damit das Prädikat der „Unbrüderlichkeit" der Georgeschen Dichtung, das Max Weber schon unmittelbar nach dem ersten Weltkrieg ausgesprochen, aufgenommen. So drängt sich in dieser fast einzig wichtigen Frage nach dem Mit-Menschlichen in der Dichtung abermals der Vergleich zu Rilke auf, der im Contemporanen Stefan George manchmal nahe war, dennoch im Anblick der sozialen Antinomien 1924 zu dem Bekenntnis gelangte: „Ein menschlich Gleichgesinntes, ein Brüderliches ist mir freilich unwillkürlich und muß in meinem Wesen angelegt gewesen sein, sonst würde mich das Freiwerden dieser Eigenschaft unter dem Einfluß des russischen Beispiels nicht so tief und vertraulich ergriffen haben." Der Vergleich unter diesem Aspekt muß sich auch auf Hugo von Hofmannsthal beziehen, um den Stefan George sich anfangs in leidenschaftlich-werbender Weise bemüht hatte; war mit ihm doch kometenhaft ein Lyriker deutscher Sprache aufgestiegen – sechs Jahre jünger als George, eines älter als Rilke –, der einen unerhörten Ton in die Literatur eingebracht und endlich wieder einen Anspruch europäischer Geltung des deutschen Gedichts um die Jahrhundertwende begründet hatte. George und später Rilke konnten sich dem zuordnen und so gewissermaßen ein Dreigestirn deutscher Lyrik für diese Zeit konstituieren. Allein dieser wienerisch-kultivierte, einfach-raffinierte, melancholisch-aufrichtige Ton Hofmannsthals barg in sich die Ahnung sozialer Gespanntheit des Menschen und ließ die Trauer um solche Polarität des Daseins spürbar werden; am eindrucksvollsten in dem Gedicht des Zweiundzwanzigjährigen mit dem Titel „Manche freilich ...", das vom Verflochtensein des Lebens „drunten" und „droben" weiß und dem nicht ausweichen kann noch will: „Ganz vergessener Völker Müdigkeiten / Kann ich nicht abtun von meinen Lidern." Was Hofmannsthal mit Diskretion das „Drunten" nennt oder die „Wurzeln des verworrenen Lebens" – immer aber im Einvernehmen mit der Gebundenheit des Ganzen –, das nennt George „pöbel", „menge", „getier" und stellt dem den GROSSEN, den EINZELNEN, die WENIGEN gegenüber. Auch wenn sich da vorrangig eine harte Feindschaft dem Bourgeois gegenüber artikuliert, der Militär- und Verwaltungsaristokratie, den Käuflichen, den Krämern, so sind all ihnen als unterste Schicht, als „graue unzahl", als „sklavenheere", Arbeiter und Bauern zugeordnet; für George kein Thema. Seit 1871, dem Ereignis der Pariser Kommune, war für den europäischen Bürger der Auftritt des Proletariats auf der historischen Bühne, das Erscheinungsbild aktiv gewordener „Massen" zu einem tiefen Erschrecken geworden. George verwandelte das Schrecknis in den verwünschenden Haß gegen die vielen, die viel zu vielen, in das ungeheuerliche Verdammungs-Wort: *Euch all trifft tod. Schon eure zahl ist frevel* (*Der Siebente Ring*, 1907) und übersteigerte das noch mit unerhörter Hybris in dem unmittelbar vor dem ersten Weltkrieg erschienenen Band *Der Stern des Bundes* (1913) in Versen, die, nachdem sie zweifache Wirklichkeit geworden, das „Grauen" Thomas Manns hervorgerufen haben mögen: *Zehntausend muss der heilige wahnsinn schlagen / Zehntausend muss die heilige seuche raffen / Zehntausende der heilige krieg.*

Solch beispielloses Verfluchen des Menschen wird sich aus unserem Gedächtnis nicht mehr verdrängen lassen, wann immer man Stefan George erinnert.

Und dennoch – möchte man zu sagen wagen – sind in diesem Denken und Dichten Widersprüche enthalten, sind aus diesem Denken und Dichten Wirkungen hervorgegangen, die uns veranlassen, Werk und Gestalt Stefan Georges vorzustellen und im Umriß deutlicher zu machen.

Zu denen, die an Georges Sterbebett in Muralto Totenwache gehalten hatten, gehörte der sechsundzwanzigjährige Claus Graf Schenk von Stauffenberg, der 1944 das Attentat auf Hitler verübte und es mit seinem Leben bezahlte. Er starb mit dem Ruf: „Es lebe unser heiliges Deutschland!" Da war ein Gedicht Stefan Georges, das wie ein geheimes Zeichen unter den Freunden Stauffenbergs umging: das schon 1907 erschienene *Der Widerchrist*; die Vision des undurchschauten Täuschers, des vollkommenen Betrügers, des verheerenden Demagogen. Dem mit Gedichten Lebenden mußte die Analogie aufstehen zu dem Verderber Deutschlands, zum Führer-Verführer; auch konnte er die tödlichen Gefahren lesen, die dem „empörer" galten, und das mögliche Zu-Spät für alle in dem Vers *Und fühlt erst die not vor dem ende*. Stauffenbergs Haltung und Tat war dem Geist Stefan Georges verpflichtet, in einer reinen und opferbereiten Gestalt; deshalb möchten wir hier von einem Umschlag in einen *„brüderlichen* Aristokratismus" sprechen, der vom Mit-Menschen weiß und ihm sein Höchstes zu geben willens war: das Leben.

Die Vorfahren Georges väterlicherseits waren im Gefolge der Französischen Revolution Anfang des 19. Jahrhunderts aus dem Département de la Moselle nach Büdesheim bei Bingen eingewandert; sie waren Weinbergbesitzer und Weinhändler. Die Mutter entstammte einer alteingesessenen Bauern- und Müllersfamilie. In Büdesheim wurde Stefan George am 12. Juli 1868 geboren. Zur Schule ging er zunächst in Bingen, sodann in Darmstadt auf das Ludwig-Georg-Gymnasium, das nach ihm Carl August Klein, Karl Wolfskehl und die Brüder Friedrich und Ernst Gundelfinger (Gundolf) besuchten, Freunde der späteren Jahre. Erste Gedichte entstanden – sie fanden teilweise Aufnahme in der „Fibel" – und eine Schülerzeitschrift, „Rosen und Disteln", 1887, in deren wahrscheinlich von George verfaßtem Vorwort es heißt, man wolle „Artikel religiösen und politischen Inhalts streng ausscheiden ..."; eine Absichtserklärung, die sich fünf Jahre später in den *Blättern für die Kunst* prononciert wiederfindet. Auffallend war das Interesse des Gymnasiasten an Sprachen – Latein, Griechisch, Hebräisch, Italienisch, Norwegisch und natürlich Französisch, später kam das Englische dazu – sowie der frühe Versuch, sich eine Geheimsprache aus Elementen des Griechischen und Romanischen zu erfinden. Bevor George im Herbst 1889 ein Studium an der Berliner Friedrich-Wilhelm-Universität aufnahm – allerdings nur für drei Semester, hauptsächlich philologische Disziplinen –, reiste er: nach London, Mailand und nach Paris, wo er den jungen Dichter Albert Saint-Paul kennenlernte, der ihm die Museen zeigte, die zeitgenössische französische Dichtung vorstellte und ihn schließlich in die Rue de Rome führte zu den berühmten Dienstagabenden bei „Meister" Stéphane Mallarmé. In ihm begriff er den exzeptionellsten Repräsentanten des l'art pour l'art, in seinem Namen fühlte er sich der jungen Generation nahe: Jean Moréas, Stuart Merrill, Henri de Régnier, André Gide, sah und sprach er Paul Verlaine. Für George war Paris der einzige Ort in der Welt, wo man enthusiasmiert war für die Dichtung; eine Dichtung, von der er auch in England und Italien gehört hatte, deren Ideal eine Konzeption der Schönheit war: moralfremd, zweckfremd, lebensfern, wie sie von Oscar Wilde und Gabriele d'Annunzio verkörpert wurde. Im Dezember 1891 – seit März hatte er sein Studium abgebrochen – begegnete Stefan George in Wien dem siebzehnjährigen Hugo von Hofmannsthal, in dem er instinktiv den ihm kongenialen Dichter spürte, den er sich eng verbünden wollte – wovor der Jüngere zurückschreckte und so ein spannungsgeladenes, meist distanziertes Miteinander entstand, das anderthalb Jahrzehnte anhielt und dann endgültig zerbrach. 1902 hatte George rückschauend und verzichtend Hofmannsthal geschrieben, woran er damals geglaubt: „dass wir, Sie und ich, durch jahre in unsrem schrifttum eine sehr heilsame diktatur hätten üben können".

Diktatur dem deutschen Schrifttum gegenüber? Im Jahrzehnt vor der Jahrhundertwende?

Nach dem unglücklichen Ausgang der bürgerlichen Revolution von 1848 und der Gründung des Deutschen Reiches unter Preußens Hegemonie von 1871 konnte von einem eu-

ropäischen Rang der deutschen Literatur nicht mehr die
Rede sein, war am Ende des Jahrhunderts ein Tiefstand er-
reicht, den ausländische Betrachter mit der Situation nach
dem Dreißigjährigen Krieg verglichen. Zwar lebten noch
Gottfried Keller, Theodor Fontane und Wilhelm Raabe,
doch entweder waren sie an den Rand gedrängt oder nicht
mehr in Beziehung zu setzen zu weltliterarischen Gestalten
wie Dostojewski und Tolstoi, dem Rigorismus der Skandi-
navier Ibsen und Strindberg und dem monumentalen Expe-
riment eines Emile Zola. Einzig Richard Wagner und Fried-
rich Nietzsche wirkten schon oder demnächst in die
europäische Dimension hinein. Die offizielle Literatur des
Deutschen Kaiserreiches war mit den Namen Heyse, Gei-
bel, Wildenbruch, Ganghofer, Dahn, Freytag, Scheffel,
Ebers und anderen versehen. Opposition erstand dem Kai-
serreich und dieser epigonalen Literatur aus einem neuen
Selbstverständnis und sozialen Verantwortungsgefühl einer
jungen Generation im Naturalismus, der durch seinen anti-
bourgeoisen und antiphiliströsen Akzent dem jungen Ste-
fan George für einen Moment sogar nahe war: wurde er für
das erste Semester seiner Studienzeit doch Mitglied der
„Freien Bühne", des Vereins für geschlossene Mitglieder-
vorstellungen von naturalistischen Dramen in Berlin. Allein
der Abstand zum Naturalismus stellte sich sehr rasch und
radikal her. Die ersten Gedichtbände Stefan Georges basier-
ten auf einem völlig anderen Dichtungsprogramm.
Um diese Bändchen war es eigenartig bestellt: *Hymnen*,
1890, *Pilgerfahrten*, 1891, *Algabal*, 1892, waren Privatdrucke
in einhundert Exemplaren, schmucklos, vom Dichter selbst
geheftet und gebunden, nur für den Freundeskreis be-
stimmt, für keine Öffentlichkeit. (Die erste öffentliche
Buchausgabe eines Gedichtbandes von George kam mit
dem *Jahr der Seele*, 1899, bei Georg Bondi in Berlin heraus;
da war George einunddreißig Jahre alt.) Die äußeren Merk-
male jener Gedichte waren die Interpunktionslosigkeit, wie
sie Mallarmé gepflegt, und die gänzliche Kleinschreibung,
die einst Jacob Grimm den Deutschen anempfohlen hatte;
die inneren die absolute Distanz zur zeitgenössischen
Wirklichkeit – deshalb die tiefe Verachtung Georges aller
naturalistischen Bemühungen – und der Aufbau einer
Kunst-Welt der Schönheit, der abgezirkelten Natur, der

Träume und Geheimnisse, der erlesenen Farben, Töne, Gegenstände, der exzeptionellen Gestalten, eines Ästhetizismus jenseits von Gut und Böse, der partiell das Un-Menschliche streifte. Die Sprache, an Verfahrensweisen des französischen Symbolismus geschult, zeigt sich verfügbar, oft preziös, schmiegsam, bildhaft, oft prunkvoll, exzessiv, mitunter leer, wie wenn sie einen substantiellen Gegenstand noch nicht gefunden hätte. George verfolgte mit einem von Anfang an ihn gefährdenden Fanatismus seine Vorstellung vom Gedicht; dafür suchte er Gleichgesinnte in ganz Europa. Zu Kompromissen war er nicht bereit, auf Publikum legte er keinen Wert – es wäre kurz geschlossen, sähe man darin lediglich die Haltung eines Dandy –, er ignorierte literarische Bewegungen und entsprechende Zeitschriften und wurde sein eigener Verleger. Also eine bewußte Ausgliederung; dazu gehörte der Verzicht auf einen festen Wohnsitz seit 1889, die Hinnahme von Einsamkeit und Armut, die Absage an Liebe und Bindung nach einem frühen und gescheiterten Versuch, der Bezug allenfalls zum Freund. Daß Ästhetizismus in extremster Ausprägung in Nihilismus und künstlerische Ausweglosigkeit führen kann, erwies sich an den Gedichten des *Algabal*, die sich zum Vorwand die monströse Gestalt des spätrömischen Soldatenkaisers Heliogabalus nahmen, der mit vierzehn Jahren auf den Thron gekommen, mit achtzehn ermordet wurde. George bediente hier eine um 1890 grassierende europäische Mode der Mischung von schwülem Luxus, pervertierten Grausamkeiten und exotischen Unwirklichkeiten, die sich in gewissem Maße mit dem Namen Baudelaires, mit dem Huysmans', Barrès verband und in Mallarmés „Herodiade", 1864, und Wildes „Salomé", 1893, kulminierten. Die Widmung des Bändchens in das Angedenken des bayrischen Königs Ludwig II., der geistesumnachtet 1886 ums Leben gekommen war, unterstrich die Sinnbildabsicht des Lyrikers, in den Gestalten der schönheitstrunkenen, egomanischen, zerstörerischen und wahnsinnsnahen Könige Äquivalente für das eigene herrscherliche Künstler-Bewußtsein zu finden. Doch das zeitgleiche, erwartungsvolle Bekenntnis Georges dem achtzehnjährigen Hofmannsthal gegenüber verriet die selbstgewußte, zerreißende Krise eben dieses Dichter-Bildes: „Jenes wesen hätte mir neue triebe und hoffnungen gegeben (denn was ich nach Halgabal noch schreiben soll ist mir unfasslich) und mich im weg aufgehalten der schnurgrad zum nichts führt ..." (10. 1. 1892). Dennoch: Durch die Dichter-Existenz Hugo von Hofmannsthal bestärkt, realisierte George Ende 1892 den langgehegten Plan der Gründung einer eigenen Zeitschrift, der *Blätter für die Kunst*, die von 1892 bis 1919 in zwölf Folgen in Berlin erschienen, herausgegeben von Carl August Klein. Die Besonderheit: Die Zeitschrift in einer Auflagenhöhe von zweihundert Exemplaren – am Ende waren es zweitausend – kam nicht in die allgemeine Öffentlichkeit, sondern in einen „geschlossenen von den mitgliedern geladenen leserkreis", das heißt, sie wandte sich an potentielle Beiträger, die auch bereit sein sollten, einzelne Hefte auf eigene Kosten drucken zu lassen. Eine Zeitschrift also von Dichtern für Dichter, um jene „heilsame diktatur" ausüben zu können, von der die Rede war. Die Vorrede des ersten Heftes erklärte programmatisch: „Der name dieser veröffentlichung sagt schon zum teil was sie soll: der kunst besonders dem schrifttum dienen, alles staatliche und gesellschaftliche ausscheidend. Sie will die *geistige kunst* auf grund der neuen fühlweise und mache – eine kunst für die kunst – und steht deshalb im gegensatz zu jener verbrauchten und minderwertigen schule die einer falschen auffassung der wirklichkeit entsprang. Sie kann sich auch nicht beschäftigen mit weltverbesserungen und allbeglückungsträumen in denen man gegenwärtig bei uns den keim zu allem neuen sieht, die ja sehr schön sein mögen aber in ein anderes gebiet gehören als das der dichtung ... Enthalte man sich auch allen streites und spottes über das leben wobei – wie Goethe meint – nicht viel herauskommt. In der Kunst glauben wir an eine glänzende wiedergeburt."

Die Zeitschrift wollte als Sammelbecken ästhetisch-artistischer Bestrebungen zutiefst antibürgerlich verstanden sein, richtete sich gegen den Naturalismus – bis in die strikte Ablehnung auch nur von Elementen der Umgangssprache –, trat für die Aufnahme einer hohen Sprache in der Tradition von Klopstock, Platen, C. F. Meyer ein und trug so zur Überwindung der epigonalen Lyrik des 19. Jahrhunderts bei. Von Anfang an allerdings verengte sich der Literatur-Begriff auf Lyrik und Lyrisches; Dramatik und Epik fand kaum Eingang in die Zeitschrift, wurde für George im Zusammenhang mit dem Theater zur Un-Kunst bzw. in der Romanform degradiert zur Reportage mit allenfalls dokumentarischem Wert. Das mußte Folgen haben. Nicht daß die Literaturgeschichte nicht Beispiele kannte für die Genre-Fixiertheit eines Schriftstellers, daß da jemand mit fast Ausschließlichkeit Erzähler oder Dramatiker oder Lyriker war. Zum Problem wird der Ausschließlichkeits-*Anspruch*. Je mehr George mit seinem Gedicht Vorbild, Norm, Gesetz wurde, wandelte sich der ursprüngliche Kreis von Gleichgesinnten – in dem Hofmannsthal immer einen exzeptionellen Platz hatte, er und George die einzigen Dichter von Rang waren – in einen Kreis jüngerer Dichter, oft Debütanten, und Gelehrten, die zu dem „Meister", dessen Ethos, dessen Rolle als Erzieher und Richter der Zeit, in ein Verhältnis der Ehrfurcht und des Dienstes rückten. Hier bildete sich etwa seit der Jahrhundertwende ein „Kreis", der dem Dichter Stefan George möglicherweise mehr geschadet als genutzt hat. Die da ihre Selbständigkeit bewahren wollten oder sie sich nach langem Ringen zurückgewannen, schieden aus dem „Kreis" oder brachen mit ihm: die Münchner Kosmiker (Klages, Schuler, Derleth) 1904 – von ihnen wird noch die Rede sein –, Hofmannsthal 1906 und am Ende Friedrich Gundolf 1920 sowie Max Kommerell 1930, beides „Lieblings-Jünger" des „Meisters".

Doch zunächst erschienen in rascher Folge die drei Gedichtbände, die den schließlichen Ruhm Georges begründeten. 1895 *Die Bücher der Hirten- und Preisgedichte. Der Sagen und Sänge und der Hängenden Gärten*, 1897 *Das Jahr der Seele*, 1899 *Der Teppich des Lebens*. Die beiden ersten Bände wären in einem wesentlichen Ton nicht denkbar gewesen ohne die Begegnung Georges mit Ida Coblenz 1892. Sie war die einzige Frau, um die er geworben hatte, durch die er aus seiner tiefen künstlerischen Krise herauskam, nicht jedoch die Noch-Unentschiedenheit seines Wesens in einem Eros befestigen konnte, der auch künftighin der Frau zugewandt geblieben wäre; vielmehr entwickelte sich nach dem Bruch der Beziehung 1896 eine homoerotische Komponente in ihm, die auch für den sich konstituierenden „Kreis" Bedeutung erlangte. Das hatte niemals ausgeschlossen, daß George zu den Frauen seiner Freunde nicht ein oftmals herzliches, ja auch hochschätzendes Verhältnis hatte; so zu Sabine Lepsius, Hanna Wolfskehl, Edith Landmann oder zu Gertrud Kantorowicz, von der 1899 in den *Blättern für die Kunst* elf Gedichte erschienen waren. (Jüdischer Herkunft, war sie 1942–1945 im KZ Theresienstadt und ist dort 1945 an Entkräftung gestorben.) Zur Freundschaft unter Männern hatte George die dezidierte Meinung: sie muß „erzieherisch sein und tragisch. Sonst ist sie widerlich."

Die Bücher der Hirten- und Preisgedichte ... weiteten das thematische Feld des Gedichts auf die Antike, das Mittelalter, den Orient. Obwohl George betonte, daß all das „spiegelungen einer seele die vorübergehend in andere zeiten und örtlichkeiten geflohen" sei, darstellten – es also nicht um Objektivierungen oder gar „Geschichte" ging –, so ist er doch auf dieser Stufe, die mit den beiden dichterisch vollendetsten Sammlungen, dem *Jahr der Seele* und dem *Teppich des Lebens*, ihren Höhepunkt erlangte, dem Mit-Menschlichen am nächsten, weil in dessen Spannungen persönlich eingelassen. Freilich ist das Absehen vom Leben der Gesellschaft, von der bürgerlichen Prosa radikal und daher der Aufbau einer künstlichen Welt konsequent: der Gärten, Parke, Weiher, Alleen, der Wechsel der Jahreszeiten, der Abschiede, des Verzichts, der Einsamkeiten. Allein die Verinnerlichung der Reaktion auf eine dem Menschen zutiefst als feindlich empfundene Welt bringt seelische Werte von großer, unverwechselbarer Aufrichtigkeit in Wort und Bild: des flüchtigen Glücks, der kühlen Melancholie, der verhaltenen Trauer.

Mit dem *Jahr der Seele*, der zweiten Auflage von 1899, vollzog sich Stefan Georges Schritt in die Öffentlichkeit; was nun aber weitaus mehr war als eine neue Form der Distribution des Werkes. Parallel zum *Teppich des Lebens* – oder wie der ganze Titel lautet: *Der Teppich des Lebens und die Lieder von Traum und Tod mit einem Vorspiel* – entstanden die Bände *Deutsche Dichtung*, Anthologien der Georgeschen Besinnung auf deutsche Tradition, der eigenwilligen Auswahl von *Jean Paul*, 1900, *Goethe*, 1901, und *Das Jahrhundert Goethes*, 1902. (Geplant waren Hölderlins „Hyperion" und Goethes „West-östlicher Divan"; diese Bände kamen nicht zustande.) Idee und Auswahl stammten übrigens weitgehend von Karl Wolfskehl, dem nur um ein Jahr Jüngeren, dem getreuesten und selbständigsten Freund; die letzte Entscheidung und Formgestalt kam von George selbst. Der Rückgriff wollte weder Konservierung noch gar Popularisierung klassischen Bildungsgutes sein, sondern diente George zur Identifikation mit einer ihm gemäß geglaubten Tradition. *Der Teppich des Lebens* ist so ein Werk des Übergangs und der Verwandlung, das Elemente des Weltflüchtigen und Stimmungshaften noch enthält, zugleich jedoch ein gesetzgebendes Dichtertum postuliert, welches sich berufen meint, der Mund überpersönlicher Daseinsmächte zu sein, die hohe Kunst-*Form* als lebenstiftende Kraft vorzustellen und eine kleine Schar vorzüglich jugendlicher Menschen in dem Bewußtsein zu bestärken und zu binden, Elite einer nationalen Erneuerung zu werden. Der ästhetische, auf sich selbst bezogene Machwille ging über auf einen pädagogischen Eros, die Kunstprogrammatik hob sich auf in einer Gesellschaftsprogrammatik, die das Modell einer Gesellschaftserneuerung in dem um den Dichter, Führer und Propheten hierarchisch gegliederten „Kreis" begreift. Die Gedichte *Der Täter* und *Der Jünger* sind Ausdruck dieser Entwicklung, die sich personalisiert in der Wendung Georges zu dem neunzehnjährigen Friedrich Gundolf, der sein hingebungsvollster Schüler und später leidenschaftlichster Propagandist wurde. Mit dieser Entscheidung konstituierte der „Kreis" sich in einem neuen Selbstverständnis, das des „Meisters" und der „Jünger". In den *Blättern für die Kunst* heißt es: „Neuer Bildungsgrad (kultur) entsteht indem ein oder mehrere urgeister ihren lebensrhythmus offenbaren der zuerst von der gemeinde dann von einer grösseren volksschicht angenommen wird. Der urgeist wirkt nicht durch seine lehre sondern durch seinen rhythmus: die lehre machen die jünger ..." (1899). Auch hier ist die hierarchische Setzung durchsichtig und eine dem rationalen Vorstellungsvermögen schwer zugängliche Terminologie offenkundig.

Beides mag eine Brücke gewesen sein, über die George und die Münchner „Kosmiker" sich begegneten. Ludwig Klages und Alfred Schuler waren seit 1893 mit George bekannt; beide schließlich Exponenten eines Irrationalismus und Rassismus, der wie viele ähnliche Strömungen der Jahrhundertwende vom deutschen Faschismus aufgesaugt werden sollte. In Klages, dessen späteres fünfteiliges philosophisches Werk den Titel „Der Geist als Widersacher der Seele" trug, potenzierte sich eine vorchristliche Verherrlichung des Instinkthaften, Triebhaften im Menschen; Geist und Vernunft waren in seiner Vorstellung seit zweitausend Jahren die Überlagerungen jenes Uranfänglichen, dem zum Durchbruch verholfen werden müsse. Für Schuler war es die spätrömische Kaiserzeit, die in Schauung, Rausch und Ekstase durch die Jugend über das zweitausendjährige Reich der Toten hinweg wiedererweckt werden sollte. Das Germanische und das Römische jenseits des gehaßten Christentums und ein fanatischer Antisemitismus verbanden die Kosmiker, deren „lingualorgien" George freilich mit nüchterner Skepsis gegenüberstand, wenn auch ihre radikale Antibürgerlichkeit und unversöhnliche Zeitkritik ihm durchaus nahe war. Die Gemeinsamkeit hielt etwa ein Jahrzehnt; sie zerbrach wohl an dem von Klages nicht akzeptierten Superioritätsanspruch Georges und an dem Antisemitismus der Kosmiker, den George nicht hinnahm, waren doch zahlreiche seiner Freunde Juden: Ida Coblenz, Karl und Hanna Wolfskehl, Georg Bondi, Friedrich und Ernst Gundolf, Ernst Kantorowicz, Gertrud Kantorowicz, Ernst Morwitz und andere.

Nun war Georges Schritt in die Öffentlichkeit zugleich mit der Konstituierung des „Kreises" Öffnung *und* Abkapselung; Versuch der national-erzieherischen Einflußnahme *und* eine immer schärfere Feindschaft zu allem Zeitgeschichtlich-Gesellschaftlichen, Sozial-Politischen; vage Gesamtschau auf das „volk" – im Unterschied zur „masse" oder „menge" – *und* bewußter Rückzug auf die einmalige und charismatische „kleine schar". Georges Dichtertum hatte um 1900 seinen Höhepunkt erreicht; die Rolle des Anklägers, Sehers und Priesters, die ihm innerhalb des „Kreises" zuwuchs – glaubte man ihn dort doch als den Mann, von dem die große Verjüngung Deutschlands und der Zeit ausgehen könne –, diese Rolle enthob ihn aller realen, sozialen und historischen Bedingtheiten in die dünnste Luft eines einsamen Richters und Gesetzgebers. Ähnlich der künstlerischen Situation auf der Stufe des *Algabal*, dessen extremer Ästhetizismus ihn an den Rand des „nichts" gedrängt hatte, geriet George auch jetzt, am Anfang des

Jahrhunderts, an einen solchen Rand der Leere. Nur so läßt sich das Phänomen *Maximin* begreifen: die zwanghafte Evokation eines Gottes aus dem Nichts. 1902 war George in München dem vierzehnjährigen Gymnasiasten Maximilian Kronberger begegnet, einem schönen, auch dichterisch begabten, ganz normalen Jungen, der sich im Einverständnis mit seinen Eltern der Schülerschaft des berühmten Dichters ergab, ihn als Florentinischer Edelknabe auf einem Münchner Faschingsfest begleitete – George trat dort als Dante, Wolfskehl als Homer auf – und der unmittelbar nach seinem sechzehnten Geburtstag starb. Die Erschütterung über den Tod solcher Jugend verwandelte sich George in die Vorstellung, in den Mythos einer Apotheose, das heißt der Enthebung des Toten in die Göttlichkeit. Einige der Freunde waren betroffen; nach dem Erscheinen des Gedenkbuches *Maximin*, 1906, das auch dreiunddreißig Gedichte M. Kronbergers enthielt, reagierte die Kritik sehr scharf, sprach von „Skandal und Blasphemie des Religiösen", von „selbstherrlicher Vergewaltigung des platonischen Eros", von „skuriler Pose". Das Phänomen war innerhalb der Dichtungsgeschichte des 20. Jahrhunderts einzigartig. Erklärbar scheint es nur aus der tiefen Krise des drohenden Selbst-Verlustes, über den nicht einmal der George so notwendige „Kreis" ihm hinweghelfen konnte: Er bedurfte des selbstgestifteten Kultus, um der Prophet des „Neuen Reiches" werden zu können. Die „Jünger" als Keim einer „heiligen deutschen Jugend" waren in dem Zusammenhang von George tiefernst genommen. Allein die Zäsur in Werk und Leben ist an diesem Punkt unübersehbar. George glaubte sich am Anfang eines Neuen, doch die herrische private Setzung eines Gotterlebnisses zeigt ihn eher das Ende seiner Dichterlaufbahn beginnen. Den Abschnitt von 1907 bis 1933 hat man als ein einziges Kapitel bezeichnet. Drei Gedichtbände sind in diesem Zeitraum von vierundzwanzig Jahren entstanden: 1907 *Der Siebente Ring*, 1913 *Der Stern des Bundes*, 1928 *Das Neue Reich*; in ihnen allen wirkt das Maximin-Erlebnis: als Mittelstück im ersten Band, als Stern des Bundes – „Kreises" – im zweiten, als Übergang von der Dichtung zu Erziehung im dritten; dies aber auch in den beiden anderen. George meinte sich auf eine Ebene erhoben, die „die dinge zeigte wie die augen der götter sie sehen". Von daher kam die Maßlosigkeit der Verdammung seiner Zeit, die Beschwörung einer Apokalypse, die Verwünschungen von Demokratie und Fortschritt – und die Prophetie von Zukunft, von Wiedergeburt aus dem Künstlergeist einer auserwählten Jugend. Sowohl das Scheitern wie auch die Mißbrauchbarkeit solcher Vorstellungen erwiesen sich in den unüberhörbaren Tönen der Resignation seiner letzten Lebensjahre und in dem nahtlosen Übergang nicht weniger „Jünger" zum Faschismus. So der Bildhauer Ludwig Thormaehlen, die Literaturhistoriker Ernst Bertram und Julius Petersen, der Historiker Waldemar von Uxkull, die Philosophen Kurt Hildebrandt und Albrecht von Blumenthal. Doch zugleich gibt es Bruchstellen jener in Rhetorik übergehenden Spruch-Dichtung, die Gedichte zum Vorschein kommen lassen, denen man seine Zustimmung oder gar Bewunderung nicht wird versagen wollen. Und das gerade auch am Ende.

Georges Kritik der Gegenwart, die so umfassend war, daß sie steril werden mußte – richtete sie sich doch gegen das Bürgertum, doch eben auch gegen die Gesamtheit vom Fürsten bis zu den „einfachen Leuten"; sah er das Übel doch in Preußen, in Deutschland, in der ganzen modernen Zivilisation –, diese Kritik kam immer von rechts, aus einem streng hierarchischen Weltbild, das letztendlich der Befestigung des Bestehenden diente und nach Krieg und Revolution konterrevolutionäre Züge annahm, aus einem Werk, das als „Manifest des Klassenkampfes" betrachtet werden mußte, wie Brecht 1927 feststellte. Das nach dem ersten Weltkrieg geschriebene *Der Dichter in Zeiten der Wirren* kulminiert in den programmatischen Versen, die vom *ewige(n) recht wo grosses wiederum gross ist / Herr wiederum herr. zucht wiederum zucht ...* sprechen.

Eine solche rechte Position schloß nicht aus, durchaus Reaktionäres zu treffen, was wiederum orientierungsuchende bürgerliche Intellektuelle faszinierte und auf diese Seite zog. Als Hugo von Hofmannsthal 1905 anläßlich eines drohenden deutsch-englischen Konfliktes einen Aufruf europäischer Intellektueller an George zur Unterschrift sandte, wies dieser das Schreiben zurück, weil er es „ohne jede wirkung" voraussah; vielmehr setzte er hinzu: „Wer weiss ob man als echter freund der Deutschen ihnen nicht eine kräftige SEE-schlappe wünschen soll damit sie jene völkische bescheidenheit wieder erlangen die sie von neuem zur erzeugung geistiger werte befähigt." Freilich mischt sich hier realpolitisches hartes Denken mit dem ahumanen Hinnehmen des Krieges als einer „Lebenstatsache". Eine Haltung, die damals, nach einer langen europäischen Friedensperiode und dem Nicht-Wissen, was moderner Krieg bedeuten würde, nicht singulär war. Thomas Manns „Betrachtungen eines Unpolitischen", 1918, sprechen eine ähnliche Sprache.

Als der erste Weltkrieg ausbrach, war George zu keiner öffentlichen Stellungnahme zu bewegen. Gundolf und Wolfskehl antworteten in leidenschaftlicher Kriegsbegeisterung auf Romain Rollands „Offenen Brief an Gerhart Hauptmann", in dem dieser den großen deutschen Dichter beschwor – angesichts der kulturellen Zerstörungen im belgischen Löwen –, seine Stimme gegen den Krieg zu erheben. Was Hauptmann nicht tat; vielmehr mit der Bemerkung: „Krieg ist Krieg" abtat und lakonisch erklärte, für ihn sei jetzt der deutsche Sieg das oberste Ziel, andere Überlegungen kämen dabei nicht in Betracht. Für George war Rollands Ethos „humanitär-sentimentale beschränktheit". Er versuchte seinen „Jüngern" allerdings zu verdeutlichen, daß der Deutsche, der in den Krieg gegangen, kein anderer sei, als er zuvor gewesen, und daß das eigentlich Schwere erst danach kommen würde. Seine Antwort auf den Krieg war das 1914 bis 1916 entstandene zwölfstrophige, aus jeweils zwölf Versen bestehende reimlose Gedicht *Der Krieg*, das im Juli 1917 erschien, als die Niederlage Deutschlands für ihn feststand. Nach George war der Krieg das Ergebnis der Verderbtheit der Zeit und Welt hüben und drüben; die malt er kraß und hart wie schon seit fast einem Jahrzehnt. Überraschend sind die beiden letzten Strophen, die von Liebe und Glaube Deutschland gegenüber wissen und – wenn auch abstrakt – zum „Herr(n) der zukunft" machen, „wer sich wandeln kann".

Für das, was historisch folgte, hatte George kein Verständnis: die November-Revolution und die Weimarer Republik. Also auch nicht der „Kreis". Der „Wandel" war gedacht als Weg der anderen zu den Ideen und Haltungen und Forderungen des „Dichters" und seiner „Jünger". Was Künstler wie Thomas Mann, Rainer Maria Rilke, Alfred Döblin, Robert Musil und Arnold Zweig – um diese zu nennen – vom Glauben an die autoritäre Monarchie abrücken, sie die Zukunft in einer demokratischen Republik sehen ließ, eine solche Wandlung war Stefan George, dem Repräsentanten eines herrscherlichen, hierarchischen Bewußtseins, nicht möglich. Der Umbruch der Zeit, mit der Zäsur des Jahres 1917, die Neuorientierung der Welt auf ein demokratisches Selbstverständnis, schloß sich in jenen Wertvorstellungen aus. Die „Jünger", vielfach Universitätslehrer, deuteten die Welt der Kunst und Philosophie und Geschichte aus dem Geist Georges, also des großen Einzelnen, und übten damit auf die akademischen Kreise und insbesondere die Jugend einen nicht unbeträchtlichen Einfluß aus. Friedrich Gundolf: „Shakespeare und der deutsche Geist", 1911, „Goethe", 1916, „George", 1920, „Heinrich von Kleist", 1922, „Caesar. Geschichte seines Ruhmes", 1924; Ernst Bertram: „Nietzsche. Versuch einer Mythologie", 1918; Berthold Vallentin: „Napoleon", 1923, „Winckelmann", 1931; Ernst Kantorowicz: „Kaiser Friedrich der Zweite", 1927; Max Kommerell: „Der Dichter als Führer in der deutschen Klassik", 1928; Kurt Hildebrandt: „Platon", 1933. Alle diese Publikationen erschienen im Verlag Georg Bondi, wie nun auch eine achtzehnbändige Gesamtausgabe der Werke Georges in den Jahren 1927 bis 1934 in diesem Verlag der *Blätter für die Kunst* herauskam. Sieben von achtzehn Bänden waren Übertragungen, wobei Shakespeares „Sonnette" und wesentliche Teile aus Dantes „Göttlicher Komödie" – neben zeitgenössischen Dichtern aus dem Englischen und Französischen – beachtlichen Raum einnahmen. Anverwandlungen größter Beispiele europäischer Dichtung in die Vorstellungswelt Georgeschen Denkens und Schauens. Deshalb blieben jene Übertragungen, besonders die Shakespeares, nicht ohne scharfe Kritik (Karl Kraus in der „Fackel").

Die zeitgeschichtliche Entwicklung ging an George vorbei; die sozialen und politischen Verhältnisse polarisierten sich auf eine bisher in Deutschland nicht gekannte Weise, so daß diese Art von Kunst-Willen zu äußerster Randexistenz verurteilt war. Dennoch schrieb Klaus Mann, der dem „Kreis" nicht angehörte, doch sich als Vertreter bürgerlicher Jugend begriff, anläßlich des sechzigsten Geburtstags von

George am 12. Juli 1928: „Stefan George bedeutete der Generation um die Jahrhundertwende den großen Beweis dafür, daß der *Dichter* auch in unserer Zeit möglich sei, daß er in ihr, mahnend, fordernd und prophezeiend, wirksam sein könne. Er wurde der Generation, die sich um 1914 opferte, der reinste und höchstgeliebte Repräsentant eines hölderlinschen Deutschland, für das sie sterben zu müssen glaubte, während sie in Wahrheit für eine pathetisch hergerichtete Lüge fiel. Er ist uns, die wir während eines Zusammenbruches aufgewachsen sind, Bindung an die Werke und Traditionen großer Bildungswelten und Vergangenheiten; während er uns also vor Entwurzelung bewahrt, ist er uns auch, durch sein Werk und sein Schicksal, das er uns vorgelebt hat, Führer und Wegweiser in eine Zukunft des reineren Lichts, des strengeren Glücks." Man sollte hier nicht vorschnell von Selbsttäuschung und gefährlicher Illusionierung sprechen; es ist das erst einmal die leidenschaftliche Suche einer Jugend nach Halt und Werten in einer Zeit anhaltender Krise, die in ihrem Verlauf nicht aufgehalten werden konnte und mit deren Ergebnis auch jene Jugend sich hatte auseinandersetzen müssen. Das Bewußtsein des Gescheitertseins in einer durch die Kunst intendierten Erziehung scheint George gerade in diesem Moment aufgekommen. Ein Entwurf aus dem Jahr 1927/28 endet in solchen Versen:

> Ist verwehrt was wir erwünscht
> Hat bestehen dann noch sinn?
>
> Fallen wir wo sie auch tost
> Ritter in der lezten schlacht.

Das Dritte Reich feierte George an seinem 65. Geburtstag, ohne von ihm eine Antwort zu erhalten, vielmehr ging er unmittelbar darauf – wie auch in den Jahren zuvor – in die Schweiz. Das NS-Regime stiftete einen Stefan-George-Preis, der allerdings nur einmal, 1934, verliehen wurde. Gottfried Benn sollte zu Georges Tod im Dezember 1933 eine Rede in der Deutschen Akademie der Dichtung halten; die Feier wurde jedoch abgesagt, die Rede nicht gesprochen. Im Laufe weniger Jahre kamen Töne der Distanz

auf; zunächst zum „Kreis", doch dann auch zum dichteri-
schen Werk Georges, dessen letzte Gedichtsammlung, *Das
Neue Reich*, als „Traum" und „dichterisches Bild" bezeichnet
wurde, als „später Schöntod des Humanismus". Und
schließlich mag die unauflösliche und letzte Ambivalenz
von Gestalt und Werk Georges darin festgehalten sein, daß
bestimmte Kreise innerhalb des NS-Regimes glaubten, sich
auf George berufen zu können *und* daß Kreise der Emigra-
tion, des Untergrunds und des Widerstands im Namen die-
ses Dichters sich fanden und ihr Leben einsetzten gegen
dieses Regime.

Die ersten sechs Gedichtbände Stefan Georges waren in
den Jahren von 1890 bis 1899 als Privatdrucke in Auflagen-
höhen von einhundert, zweihundert und der letzte in drei-
hundert Exemplaren in die Hände von Freunden und spe-
ziell Interessierten gelangt, bevor mit dem *Jahr der Seele*,
1899, die erste öffentliche Ausgabe erschien. Und in Berlin,
im Hause des Malerehepaars Reinhold und Sabine Lepsius,
hatte George Ende 1897 vor einem ausgesuchten Kreis – da
waren auch Lou Andreas-Salomé und Rainer Maria Rilke
anwesend – zum erstenmal aus seinen Gedichten gelesen,
man kann auch sagen: seine Gedichte zelebriert. Das ge-
schah in den nächsten Jahren wiederholt; manchmal hörten
den feierlichen Lesungen bis zu achtzig Gäste zu.
Nun ereignete sich etwas angesichts des Unbekanntheits-
grades Georges Erstaunliches, was sich nur mit der Erwar-
tungshaltung einer potentiellen Lyrik-Leserschaft in einer
seit langem dürren und epigonalen Lyrik-Landschaft in
Deutschland erklärt: Drei renommierte Berliner Profes-
soren schrieben Aufsätze über den Dichter, von dem die
literarische Öffentlichkeit nichts wußte: der Literarhisto-
riker Richard M. Meyer 1897 in den „Preußischen Jahrbü-
chern", der Philosoph Georg Simmel 1898 in der „Zukunft",
der Historiker Kurt Breysig 1900 ebenfalls in der „Zu-
kunft".
So vermochte jemand anzufangen: Erlesenes und Irdisches
zugleich einem Maler der Renaissance in die Hand zu ge-
ben, auf daß er beides miteinander binde:

Er nahm das gold von heiligen pokalen ·
Zu hellem haar das reife weizenstroh ·
Das rosa kindern die mit schiefer malen ·
Der wäscherin am bach den indigo.

(Aus „Hymnen", 1890)

Die Farben der Welt leuchten auf in dem Bild der Fröm-
migkeit, denn sie will und kann sich nicht anders äußern,
als indem sie den welthaften Reichtum dem Bild der Anbe-
tung zuführt, ja Frömmigkeit aus ihm erstehen läßt. Der
Künstler ist es, welcher der Schöpfung „die erste krone"
aufsetzt.
Das ist Erfahrenes: Der Rest des Unerklärbaren eines gro-
ßen Leids wird schließlich ins Verstummen eingehen; der
Dichter dennoch sucht das Unbegreifbare, das Unsagbare
ins Wort, ins Bild, dazwischen – versagend wohl – auch in
die Pause einzubringen. Das balladenhafte, dem Geheimnis
verschwisterte Gedicht *Mühle lass die arme still* (*Pilgerfahrten*,
1891), was in diesem ersten Vers wie das verzweifelte An-
halten allen Tuns, im letzten, „Glocke läute, glocke läute!",
wie das Über-Läuten eines Schreiens ist, weiß von dem Eis-
Tod heimkehrender Konfirmandinnen, weiß von dem un-
überredbaren Schmerz von Hinterbliebenen und versetzt
das Menschenleben in die Naturmetapher, allumschlie-
ßend:

Mühle lass die arme still
Da die heide ruhen will.
Teiche auf den tauwind harren ·
Ihrer pflegen lichte lanzen
Und die kleinen bäume starren
Wie getünchte ginsterpflanzen.

Die Erstarrung wird in dem ewigen Kreislauf auch wieder
ins Lebendige zurückkehren, nach einer Zeit. Kein Trost,
allenfalls ein übergreifendes Ahnen.
Wandelt Verzicht – außer in momentane oder zeitweilige
Trauer – sich nicht auch in seelische Sicherheit? Kann Ver-
zicht dem andern gegenüber nicht Unversehrtheit bewah-
ren von dessen Wesen, das, unangetastet, noch eine Zeit-
lang in sich zu ruhen vermag? Man fühlt sich in Form und

Ton und Haltung an Heines „Du bist wie eine Blume" erinnert, liest man das dreistrophige *Sieh mein kind ich gehe* (*Die Bücher der Hirten ...*, 1895–1898), das mit dem Begriff der „Neo-Romantik" nicht abgedeckt ist, zu individuell ist die Nuance, zu endgültig auch das Weitergehen:

> Würde dich belehren ·
> Müsste dich versehren
> Und das macht mir wehe.
> Sieh mein kind ich gehe.

Vorstellbar, daß ein solches Gedicht manchem zu bemüht-einfach anmutet; vielleicht stört der, wenn auch demütige, so doch etwas lehrende Anklang. All das entfällt nun wohl, sieht man sich jenen drei Strophen aus dem *Jahr der Seele* (1897) gegenüber, die mit dem Vers anheben: *Nicht ist weise bis zur lezten frist*, da ein Abschied ausgesprochen wird, einer noch zur rechten Zeit. Abermals ein Zurücktreten, in innerstem Gefaßtsein, ohne Ausbruch, in äußerst verhaltenem Schmerz, um Haltung bittend und sie auch selbst erlangend:

> Löse meinen arm und bleibe stark ·
> Lass mit mir vorm scheidestrahl den park
> Eh vom berg der nebel drüber fleucht ·
> Schwinden wir eh winter uns verscheucht!

Verse, die auf stille, aber eindringliche Weise raten wollen dem, der Vergehendes, ihm unwiderruflich Schwindendes vor sich sieht. Immer tat das Dichtung, indem sie die „weise" Natur, bei der er sich, wie Hölderlin sagt, Rat holen könne und solle, dem Menschen vor-stellte.
Nun ist „Natur" George nicht nur Metapher oder Raum für menschlich-seelische Gestimmt- und Bedingtheiten, sondern für ihn, aus Ländlich-Bäuerlichem herstammend, ist Natur eine überlegene, gar eine dämonische Macht, mit welcher der Mensch im Widerstreit liegt; gerade auch der, der sich von ihr weit entfernt hat, der in den Städten lebt. In George stoßen Kräfte seines Ursprungs mit Vorstellungen und Haltungen seines so ganz anders geführten Lebens zusammen. Das Gedicht *Templer* aus dem *Siebenten Ring*,

1907, kulminiert in zwei Strophen, die Ausdruck dieses Konfliktes sind:

> Und wenn die grosse Nährerin im zorne
> nicht mehr sich mischend neigt am untern borne ·
> In einer weltnacht starr und müde pocht:
> So kann nur einer der sie stets befocht
>
> Und zwang und nie verfuhr nach ihrem rechte
> Die hand ihr pressen · packen ihre flechte ·
> Dass sie ihr werk willfährig wieder treibt:
> Den leib vergottet und den gott verleibt.

Walter Benjamin nannte diese „beiden berühmten Strophen" einen „Quellpunkt der dichterischen Kraft Georges" und hebt, was da „Weltnacht" heißt, deren Kräfte „starr und müde" sind – das ist in Georgescher Sicht die „Entgottung" der Natur –, in den Raum geschichtlichen Bewußtseins. Benjamin weist historisch-materialistisch die „ewige Geltung der Gehalte" zurück und begreift den Vorgang jener beiden Strophen so: „Daß aber der Griff, mit dem diese Flechte der natura naturans gepackt sein will, die Ordnung und die Umordnung der menschlichen Verhältnisse ist, und sonst nichts – besonders nicht der Kult Maximins –, das ist die Einsicht, die ... das kritische Vermögen ... [sollte] ... befreien können." Walter Benjamin unterstreicht die Aufgabe kritischen Vermögens, eine „Einsicht ... zu befreien", das heißt den in der Bild- und Gestaltenwelt eines bedeutenden Dichters verborgenen Sinn herauszuheben, einen Sinn, der dem Dichter selbst in begrifflicher Deutlichkeit gerade nicht sagbar ist, der in einem Prozeß der Annäherung durch wissenschaftliches Bedenken aber umschreibbar werden sollte. „Ordnung und ... Umordnung der menschlichen Verhältnisse", damit wäre auch Georges Dichtung am großen, wenn nicht größten Gegenstand.
Biographische und selbst ideelle Anlässe für ein Gedicht versinken mit der Zeit; was übrigbleibt – wenn etwas übrigbleiben kann –, das ist jenes mit immer wieder sich wiederholender menschlicher Erfahrung sich Verbindende, ist der Brückenschlag von einem einmal Tief-Erkannten und Tief-Gefühlten zu dessen Wiederholung innerhalb neuer Koor-

dinaten, die aber Grundformen tradieren. Ein Gedicht wie *Nun lass mich rufen über die verschneiten …* (*Der Siebente Ring*, 1907) wird man heute als ein Liebes-Dank-Gedicht lesen, ohne jegliche Adressaten-Zutat, als den immerwährenden Ich-Du-Bezug. So mag es Rosa Luxemburg empfunden haben, als sie, auf dieses Gedicht verweisend, im Dezember 1917 aus dem Gefängnis an Sonja Liebknecht schrieb: „Die Gedichte Georges sind schön; jetzt weiß ich, woher der Vers *Und unterm rauschen rötlichen getreides …* stammt, den Sie gewöhnlich hersagten, wenn wir im Felde spazieren gingen."

> Du kamst beim prunk des blumigen geschmeides ·
> Ich sah dich wieder bei der ersten mahd
> Und unterm rauschen rötlichen getreides
> Wand immer sich zu deinem haus mein pfad.

Gedichten das ganz einfache Prädikat „schön" geben zu können – und hier ja nun nicht aus einem verschwärmten, nicht weiter nachfragbaren Backfisch-Verständnis, sondern aus einem humanen und alles umgreifenden, eben auch politisches Wollen integrierenden Bewußtsein –, das scheint ein Ziel von Urteil zu sein, wohin man gerne möchte und auch sollte. Als Ergebnis eines vorangegangenen Prozesses, als Synthese einer bedenkenden Analyse. Es war ja Brecht gewesen, der Anfang der dreißiger Jahre feststellte, daß wir ohne die Kategorie des Schönen in unserer Ästhetik nicht werden auskommen können.

Das spruchhaft-lehrende Gedicht, das Gedicht von Prophetie und Verdammnis, viel mehr unter negativem Zeichen stehend als in der Lage, Gegenwart tatsächlich begreifbar und Zukunft ahnbar zu machen, dieses Gedicht – besonders das des *Sterns des Bundes*, 1913 – gehört zum brüchigsten und „Kreis"-bedingtesten Teil des Georgeschen Werkes. Als Zeit-Symptom – man erinnert die Wirkungskraft des Gedichts *Auf neue tafeln schreibt der neue stand* auf zum Beispiel Klaus Mann – und als Symptom der angemaßten Führer-Rolle Georges ist diese Art von Gedichten dem Werk nicht zu eliminieren, wenn wir auch wissen, daß da der fragwürdigste und dem politischen Zugriff des NS-Regimes erkennbarste Teil des Werkes vorliegt; gesteigert noch durch bestimmte Teile des letzten Gedichtbandes, *Das Neue Reich*, 1928. Preußen und Preußisches übrigens ist George immer ein Greuel gewesen; so schon in den *Blättern für die Kunst*, Mai 1900, oder in den von George gern kolportierten Versen Friedrich Gundolfs: „Rechts militär und links finanz / Im hintergrund ein staubiger kranz / Von mauern, schloten stangen schienen / Technik und staat und geldverdienen / Schnauzbart und säbel stank und flitter / Das ganze fordert einen schnitter – / O sintflut öffne deine schleussen / Ersäufe säufe dieses Preußen!" Am Ende dann, jenseits der Doktrin, des Gewaltsamen, ja Fanatischen, des Elite-Denkens und der das Menschheitliche tief verletzenden Hybris – die wohl desillusionierte, wohl resignierende Rückkehr zum Einfachen, Schlichten, Liedhaften, zum Geheimnisvollen auch, was alles Rückkehr zum Dichterischen bedeutet, dem Mitmenschen wieder Nahen. So bedenkt der Dichter – wie es schon viele vor und nach ihm getan haben –, was ihm „Das Wort" bedeutet, und er gelangt zu der magischen Formel: „Kein ding sei wo das wort gebricht." Das will gewiß keine philosophische Aussage sein, sondern etwas bekennen über die jeweilige und individuelle Grenze dichterischen Aussage-Vermögens, was dann auch Grenze einer dichterischen Welt sein wird. Und es klingt wie ein Lebens-Dank und Lebens-Abschied – auch da ist die Kette solcher Hymnik fast unendlich –, wenn am Ende dieses Werkes eine Apotheose des „Lichts" steht, gipfelnd in den Versen:

> Wir wären töricht · wollten wir dich hassen
> wenn oft dein strahl verderbendrohend sticht
> Wir wären kinder · wollten wir dich fassen –
> Da du für alle leuchtest · süsses Licht!

Allein die ungeheuerlichen Spannungen des Gesamtwerkes, wo jeder Teil auch eben Teil eines Ganzen ist, des Denkens und Dichtens eines deutschen Dichters vierer Jahrzehnte um die Jahrhundertwende 1900, machen ein Wort von Thomas Mann im amerikanischen Exil möglicherweise verständlich und annehmbar, das er 1943 – im neubegründeten Kurt-Wolff-Verlag war gerade ein Band mit neunundneunzig Gedichten Georges in deutscher und englischer Sprache erschienen – an den bedeutenden Verleger richtete: das ist ein „Geschenk ... des ausgewanderten deutschen Geistes an eine Welt, die von diesem sehr hohen Stück Deutschtums bisher wenig wußte ... Alles, was Liebe ist in diesem stolzen und priesterlichen Gemüt, ist hervorgekehrt, das Natursüße und Innige ... ohne das Herrisch-Herbe und Unerbittliche zu verleugnen ..."

Das Wissen um Zusammenhänge macht uns nicht standpunktlos; doch vielleicht macht es unseren Standpunkt gerechter.

Leipzig 1986   *Horst Nalewski*

INHALT

Flöte und Harfe, göttlicher Widerhall

Frühgriechische Lyrik

Aus dem Griechischen von D. Ebener
Herausgegeben und mit einer Einleitung von V. Jarcho
Band 1089 · Broschur 2,– M

Diese Anthologie versammelt Texte aus zweieinhalb Jahrhunderten, sie bietet einen umfassenden Überblick über die monodische Lyrik des archaischen Griechenland (7.–5. Jh. v.u.Z.). Die 24 Autoren der Auswahl offenbaren jeder für sich ein ausgeprägtes Selbstwertgefühl, die ethische Wertskala ist vielfältig: Aufruf zum Maßhalten, Ablehnung hemmungsloser Genußsucht, Kritik an der Verweichlichung der Sitten, Anerkennung nutzenstiftenden intellektuellen Wirkens, Bekenntnis zu Sinnenfreude und Lebensgenuß. Der thematischen Vielfalt entspricht der Formenreichtum.

PETER GOSSE
Erwachsene Mitte

Gedichte · Geschichten · Stücke · Essays

Mit einem Interview von J. Engler: „Gespräch mit Peter Gosse"
Band 1144 (Sonderreihe) · Broschur 2,50 M

Peter Gosse (geb. 1938), in vielen poetischen Sätteln ge-
recht, zieht – mit rund 50 Gedichten, 8 erzählenden Texten,
3 Theaterstücken, 10 Essays – eine Zwischenbilanz seines li-
terarischen, Werkes und versammelt dabei auch viele bis-
lang nur verstreut erschienene oder noch unveröffentlichte
Arbeiten. Das als Nachwort gedruckte Interview beschreibt
den Werdegang eines Autors, in dessen Arbeiten sensuali-
stisch und dialektisch sinnfällig, betroffen und in wägender
Distanz Grundfragen unserer Zeit zu poetischer Sprache
gebracht werden.